ランターズと自由思想主義者の無政府状態

The Anarchy of the Ranters and Other Libertines

Robert Barclay
ロバート・バークレー——著

Nakano Yasuharu
中野泰治————訳

凡例

・『ランターズと自由思想主義者の無政府状態』および『正しい基盤に基づいて考えられ、打ち立てられた普遍的な愛』の底本は、ロバート・バークレー（Robert Barclay, 1648-90 年）の全集である *Truth Triumphant Through the Spiritual Warfare, Christian Labours and Writings of that Able and Faithful Servant of Jesus Christ* (1692 年) に掲載されている（**1**）*The Anarchy of the Ranters, and other Libertines; the Hierarchy of the Romanists, and other pretended Churches, equally Refused and Refuted, in a twofold Apology for the Churches and People of God called Quakers, etc.*（1674 年）、および（**2**）*Universal Love Considered, and Established upon its Right Foundation, etc.*（1677 年）である。

・両著作の原文には、本文の横に読者のためのガイドとなる言葉が添えられている。このガイドは日本語読者にも有用と思われるため、訳文では見出しにして「」を用いてガイドの部分を示した。

・原文では、（ ）がしばしば使用されているが、その通りの書き方に従った。加えて、英語名や聖書箇所などを記すときも（ ）を使用した。［ ］は、本文を理解する上で必要だと感じた箇所で追加情報を付け加える際に使用した。なるべく原文の構文に忠実に訳すことを基本方針としたが、忠実に訳すと理解できなくなるだろう箇所については、意訳したり、〔 〕を用いて文章を幾つかに分けて訳した。

・バークレーによる注（原注）は脚注で示し、訳者による注は［ ］を用いて本文中に直接記している。

・聖書の引用については、既に 2018 年に聖書協会共同訳が出ているが、2024 年の時点で各大学や教会でも普及していない状況も鑑みて、新共同訳聖書を用いた。

・本文中のギリシア語は、一般読者の便宜のために転写で表した。

・現代的視点から見れば、差別的と思われる表現、不適切と思われる表現が少なからずあるが、原文のままにした。

Part I

『ランターズと自由思想主義者の無政府状態』

The Anarchy of the Ranters and Other Libertines (1691)

ロバート・バークレー（Robert Barclay）著

中野泰治訳

序文：読者への言葉

　堕落した状態にある人間の卑俗さは、どういった局面においても右に傾いたり、左に傾く性質があり、彼らには真理のまっすぐで平らな道を歩むことは到底不可能である。それどころか、心の中で働く神の恵みと神の霊の力によって真理の入り口に差し掛かった者でさえも、日々悩みを抱え、あらゆる魔の手によって唆されるほどである。ある者はある道へ、また、別の者は別の道へと彼らを引き込もうとする。もし彼らが神の御力によってしっかりとした信仰を持ち続ける場合には、双方の側から批判され、それぞれの敵対者の最も悪しき連中になぞらえ、喩えられる始末である。

　聖書に精通した人ならば、こうしたことがあらゆる時代の聖徒の運命であったことが分かるだろう。こうした批判に陥りがちな腐敗した憂慮すべき時代においては、神の幕屋の荒廃を改善し、回復しようとする者は特にそうである。したがって、エルサレムの壁の修復に従事した人々は、一方の手で仕事を行い、他方の手で自らを守る必要があったのである。

　キリストは、ユダヤ人からはサマリア人と告発され、また、サマリア人からはユダヤ人ということで咎められた。また、使徒パウロは、異教徒から鞭打たれ、投獄され、ユダヤ人であるということ、そして、ユダヤの習慣をのべ伝えようとしたことで厳しく非難された。一方で、彼は、ユダヤ人からは律法を破り、異教徒によって神殿を汚したとのことで引き立てられ、殺害寸前にまで追い込まれたのだった。現在、同様の事柄が、長年にわたって甚だしく隠蔽された真理について証をするために、今日神が立ち上げられた敬虔な証言者たち、伝達者たち［クエーカー］の身にも生じている。現在、この真理は再び明らかにされ、数多くの人々が証をなすようになったが、彼らはその証によって主の光の内に歩むようになった人々である。

　神によって集められたこれらの人々は、キリストの教会に一般的に伴うこういった試練を、左右両方の立場の人々から受けてきた。それぞれの立場の人間は、それぞれの敵対者の欠点に最も適した言葉で彼らのことを描写してきた。そうしたことから、（主に敵対する人々の証が一致せず、また、我々に反対する人々がそれぞれ一致することがないように）、ある人々は、我々のことを馬鹿で気が狂った連中であると考え、また、別の人々は思慮深い明敏な政治運動家と見たのであった。また、ある人々は、読み書きもできない無知の連中と見なし、別の人々は、訓練を受けた狡猾な偽装のイ

エズス会信徒であるとみなした[1]。また、多くの信仰者は、我々を教皇の手先であり、間違いなく教皇主義者であると考えるだろうが、しかし、他方で教皇主義者は、我々のことを異端とみなし、嫌悪感を表わす。我々はときに、無秩序で混乱に陥った愚衆であり、正常な秩序や政治体制に反抗するためにみなを好きなように扇動する輩であり、別のときには、それぞれの人がそれぞれの自由を行使することを許さないほどに過剰に秩序を求める者であるとされる。このように我々に関する評価は敵対者の悪意によって激しく左右しているが、こうした評価によって真面目な心を持つ人々は、いかなる悪意が我々に対して働いているかについて知り、そしてまた、彼らが相互に論駁し合う間もそれぞれ対立する立場から我々に刑罰を加えようと力を蓄えていることを知って、悪影響を受けてしまうことになる。

　我々はこれまでこれらの行き過ぎの道の間を歩むように努め、真理について証する際、彼ら［論敵］にとっては善とされる事柄も乱用されたものであると判断してきた。なぜならば、そうしたものは、結局のところ真理の影の側面［真理ではないもの］を保持するための背教の働きであって、それらの悪弊によって、彼らは他の悪しき事柄を隠そうとしていたからである。したがって、［似たような例を挙げれば］、ユダヤ人は自らの悪を正当化するために律法や預言書を乱用し、さらにはキリストを十字架に架けたのであった。いかに多くのキリスト者が、聖書や使徒の伝統をそれらと完全に相反する事柄についての弁護のために都合良く利用するかは、大多数の人々から何の問題もなく認められることであろう。

　しかしながら、人々の信仰に対するより特別な譲歩のために［信仰的に優れるわけではない普通の人々への配慮のために］、その使用が命じられ、教会の教化のために役立ってきた特に二つの根本的な事柄が存在する。

　I：一つは、権能と権威である。使徒たちは、これらのものをキリスト教会の招集、設立、統治のためにキリストの民に与えた。そして、その権能と権威の下に、聖書も作成された。

---

[1]ジョン・オーウェン（John Owen）は、我々を無知の輩として非難する。彼は、ラテン語で反論の書を記したとしても、我々が読むことができないのではないかと見下すほどである。また、同じ頃、トマス・ダンソン（Thomas Danson）は、我々を海外から派遣された偽装したイエズス会信徒であるとして告発した。

Ⅱ：もう一つのものは、キリストの霊によって導かれ、すべての事柄において霊によって教示されるという、すべてのキリスト者に与えられた特権である。

　ところで、これらの二つの事柄は、初期教会では［信徒に対する］教化という同じ目的のために大いに役立ち、（その性質においてそうなる可能性を有し、実際においてはそうなるべきであったが）、非常に旨く調和が保たれていたのだが、しかし、サタンの働きと人間の堕落から、これらの事柄［ⅠとⅡ］も相互に敵対し、相互の働きを潰し合うようになってしまった。つまり、使徒たちに存するこれらの権能や権威は、現在、聖職者の外的な叙任と継承に結びつけられ、固定化される一方で、あらゆる類の悪弊、すなわち、頂点に達した偶像崇拝と迷信を隠蔽し、覆い隠すために乱用されているからである。こうした継承性を言い訳にしてこれらの人々は、（心における聖霊の内的導きと教示など全く知らないにもかかわらず）、使徒たちと同等の無謬性を主張し、自分たちの引き出す判断に対して、たとえその判断が福音の真理と全く異なり、相反するものであろうとも、他の人々を服従させ、同意させようとする。もし誰かがそうした判断内容に疑問を感じ、問い調べようものならば、その人物は死刑などに値する憎むべき異端とみなされるほどである。また、（まるで神が神の民に最後の言葉を聖書で語り尽くしたように考えて[2]）、神の御心の啓示は聖書にすでに記された事柄にのみ結び付けられるとの立場をとるため、我々は、聖書の意味を論議しようとして、自然的な［生まれながらの］知性を駆使することで一杯いっぱいになり、聖書の平易な意味ではなく、人間によって作り上げられたある種の信仰からの類比で聖書を解釈することになる。そうした解釈の仕方は、聖書に一致するものではなく、むしろ自分たちの信仰を正当化するために聖書を曲解するものである。そうしたことに疑問を呈することもまた、異端的行為と見なされ、生まれ故郷からの追放や、そうした生まれが我々に保証するはずの一般的扶助の剥奪をも意味することになる。教皇主義者やプロテスタント双方の人々はこうした方向に完全に傾いていると言っても過言ではないだろう。

　その一方で、聖霊の内的な啓示の働きをあまりに大々的に主張し、放縦な行為に陥った人々も存

---

[2]長老派の著名人であるジェームス・ダラム（James Durham）は、『ヨハネの黙示録』の解説のなかでそのように語る。

5

在する。彼らは、そうした放縦さを隠そうともせず、キリスト教的交わりや共同体を認めず、過去現在を通じてキリストの教会の存在基盤であるはずの良き秩序と規律をも認めない自分たちのやり方にみなが従うべきであると考える。こうした立場は、あらゆる放蕩（Libertinism）に道を開き、キリスト教信仰を大いに損なうものである。こうした方向に汚らわしくも陥っているのが、ドイツの再洗礼派、つまり、ライデンのジョン（John of Leyden）やクニッパードリング（Knipperdolling）などである（これらの人物によって行われた凄まじい出来事が、再洗礼派の人々に関係あるとすればの話であるが）。また、それより穏健な種類がイングランドにも見出され、彼らは「ランターズ（Ranters）」と呼ばれている。クエーカーと称される人々がこれら両極端の烙印を押されてきたのは事実であるが、しかし、彼らはそうした両極端を避けようとしてきたのであり、現在もそうである。そうしたことは、原始教会の平易で良きあり方にも見出される。原始教会の人々は、（明らかに）聖霊の働きによって疑いなく導かれ、促されて、一人一人が預言の言葉を述べていた。しかし、そこでは、あくまで預言の霊の働きに対して預言者が従っていた。そこにこそ、相互を滅ぼすためではなく、教会の教化のための教会の権威が厳存し、それが幾人かの人々によって担われていたのであった。そうして人々は主の働きにおいて権威を担う者に服従し、彼らから教えを受けていた。しかしながらまた、個々の人々が真理へと導かれる内的な塗油に与ることもあった。主が我々に与えられた働きと証は、こうした原始教会の状態を回復することであり、両極端な立場にある人々を、それぞれ相互に滅ぼし合うのではなく、正しい場所へと導くことである。こうしたことが我々の間でどれほどなされ、達成しつつあるか明らかにすることが、この小論の目的である。健全な判断力を持ち、公平で偏見のない精神を持つ人たちに少しでも満足してもらうこと、そして、主の良き御手によって、敵対者に苦しむフレンズ［クエーカー］の信仰を強めるために役立つものとなることを望む。それが、［この論文を書いた］私の主たる意図であり、熱心に願い求める事柄である。

1674年の第8の月の第17日

ロバート・バークレー

目次

第一部　導入およびこの小論の方法論について

「律法の終りと、福音の摂理の始まりに関する例示」

　主なる神は、ご自身で律法の摂理を終りにされるのを良しとされた。この律法は、モーセの宣教の働きによってイスラエルの子たちにもたらされたもので、神は、モーセを通して、モーセによって、律法の書に書かれてあるように数々の掟、秩序、指示、法律をシナイ山の上から野にある人々へ伝えられた。その後、時が満ちて、神は、神の子、主イエス・キリストを送られることを良しとされた。律法と律法の正義を完全に満たした主イエスは、福音の摂理の証を我々に与えられた。数多くの偉大で輝かしい印や奇跡によって自らとその教えの卓越性を示された後、彼は自らの血によってそれらを定められ、そして、死に対して勝利を宣言された後（主イエスにとって、死にとらえられることはあり得ないことであったが）、復活の後に彼を信じるようになった蔑まれるべき証人たちを慈しまれ、励まされたのであった。そして、主イエスは、自らの霊を注がれるという希望と確証によって彼らを力づけられた。この霊の働きによって、彼らはすべての事柄において教え導かれ、教示を受けることとなったのであり、この霊に働きにおいて、そして、この霊の働きによって、主イエスは世の最後まで［聖霊の働きを通して］彼らに伴われると約束され、地獄の門が彼らを圧倒してしまわないようにされたのであった。そのようにして彼らは霊の働きによって満たされ、何をも恐れず、福音を宣教するように勇気づけられたのであった。そして、まもなく何千もの人々が教会に加わることになったが、大多数の信仰を持つこれらの人々は、一つの心、一つの魂において集まり、大いなる愛と熱情が彼らを包み込み、しばらくの間、何も欠けるものなどなかったのである。

「使徒の時代に召命された多様な人々」

　しかしながら、網にかかった魚が、すべて良き健全な魚というわけではなかった。ある者は、元の大洋に戻される運命にあったし、また、召命された多くのものの内、すべてのものが主人の役に立つ器というわけではなかった。王の子の盛大な夕食会と結婚式に持ち込まれた器の内、結婚式への参加の装いに値しないものも見いだされた。ある者は、しばらくは装うことができたとしても、その後転落していった。退く者、信仰と良心を台無しにする者、自分だけ堕落するのではなく、他の者を同じ破滅の道に引き込もうと精を出し、その人たちの信仰を躓かせようとする者、さらには

憎むべき異端を引き込み、彼らを贖われた主を否定する者さえいた。完全に堕落したわけではない
これらの教会員のなかには（というのは、ある者などは悔い改めによって決して回復されることが
なかったからである）、弱き者、生気がない者、未熟な者も存在していた。ある者はミルクに飽き
飽きして、味の濃い肉を欲しがり、ある者は、古いパン種が発酵するときには、一掃される運命に
あり、また、ある者は、その腐敗が癒され、再び受け入れられるまで、関係を絶たれ、いわば同士
の間から追い払われたのである。

「神の教会における外的な秩序」

さらにまた、［教会における］外的な事柄に関して言えば、貧しき者、夫を亡くした者、父を亡
くした者、訪問客に対して施しをすることが義務とされていた。それゆえ、身体としての教会の首
である主イエス・キリストは（教会はキリストの身体であり、聖徒はその身体の構成員だからであ
る）、その無限の智恵において、すべての物事をそれぞれ適切な場所に十二分に整理し、配置し、
すべての物事をそれぞれの適切な場所に保持管理するために必要とされるものを認識され、自らの
聖なる霊を配在、伝達することで、すべての教会員に対して、教会の教化のためにそれぞれの働き
の応じた適量の聖霊の働きを授けられたのであった。ある者は使徒に、ある者は教師に、ある者は
牧会者に、ある者は長老に、ある者は年老いており、ある者は若い力にあふれ、ある者は子供であ
るといったようにである。というのは、すべての者が使徒というわけでもなく、また、長老という
わけでも、ましてや子供というわけでもないからである。しかしながら、これらすべての人々は全
員が教会の一員であり、教会員として身体に溢れる生命の感覚と感触を持っているのである。この
生命は、油がアロンひげから衣服の裾に垂れたように、首から身体全体へと行き渡るものである。
また、すべての教会員は、身体の生命に留まる限りにおいて、その身体にそれぞれの場所と地位を
持ち、それぞれが相互の働きを必要とする状態にある。しかし、どういった教会員も、神がそれぞ
れに授けられた場所以外の働きを肩代わりすることなどできないのだから、仲間の働きの場を妬み、
切望してはならないのである。不適切なものが適切なものよりも、また、卑劣なものが尊敬に値す
るものよりも必要とされないからである。この点については、使徒パウロが、第一コリントの手紙
第十二章第十三節から三十節で述べることである［訳注：新共同訳では、第十三節から第三十一
節］。

「怒りと分裂の原因」

ところで、教会内におけるすべての亀裂、分裂、怒りの原因は、それぞれの教会員が自らに割り当てられたものとは別の職務を引き受けようとするとき、もしくは身体の生命と統一とから離れ去り、その生命の感覚を失い、聖なる配慮からではなく、不平不満の感情から、悪へと向いた目をもって仲間を支配しようとするときに生じる。そういうとき、良識自体に基づくのではなく、仲間、それどころか身体全体や、神から身体それ自体よりも尊敬され、優れた職務を授けられた人々に対立し、それらを裁こうとする。そうした人々は、熱心な勧めの言葉など述べず、ただ（生命の道たる）教化を批判し、不当な事柄を口うるさく要求し、他の人々を抑圧する。他の人々を非難する理由となる事柄にいかに自分も陥っているかなど全く意識もせず、仲間の教会員のすべてを酷評し、罵倒することに労力を惜しまない。もし彼らが警告を受けようものならば、まるで福音の自由という偉大な特権が踏み潰されたかのように、わめき散らすのである。

「聖霊の働きの希薄さ」

たとえ現在そのような状況であろうとも、人々を導く聖霊の働きは何千もの人々によって見出され、感じ取られ、神はそうした人々の心を、罠に陥る危険から救い出すために確かなものとされてきた。それゆえ、彼らはほんの小さな聖霊の働きの現われでさえも見分ける程の力と強さを持つのである。しかしながら、ある人々が装う聖霊の現われや見せかけだけの誠実さに対して、たとえその欺瞞性にある程度気付いていようとも、十分に対抗できない人々も存在する。また、大切なものと価値のないものを見分けることもできない者、弱さと真の洞察力の欠如から、長らく騙されて、素朴さにつけ込まれる者も存在する。「うまい言葉やへつらいの言葉によって純朴な人々の心を欺いているのです」と言われる通りである（新共同訳　ロマ16:18）。

その結果、私自身は、自らの分に従って、主の光の働きのおかげでこれらの事柄を十分に理解するようになり、長らくこれらの事柄ついて十二分に知る機会を得た。そうしたことから、私は、もっと一般的な形でキリストの教会の益となり、教化のために役立つようにと、こうした事柄を進んで［この書を］書き記すことにしたのである。

「これから取り扱われる項目」

ところで、こうした事柄についてもっと明確に、そして、はっきりと実感し、理解するためには、この小論全体を次の三つの一般的な項目にまとめ、考察することが適切である。

項目Ⅰ: 第一に、こうした争いの原因はどこにあり、その起源と根源はどこにあるのか [**第二部**]。

項目Ⅱ: 第二に、キリストの教会には何らかの秩序と統制があるのかどうか [**第三部**]。

項目Ⅲ: 第三に、我々が主張するところの秩序と統制とは一体どのようなものか [訳注：前半部 a]。どういった場合、また、どの程度までこの統制は拡大されるのか [訳注：前半部 b]。その権能はどういった人々に担われて [訳注：後半部 a]、また、そうした統制はローマ教会や他の反キリスト教的集団の抑圧的で迫害を好む支配体制とどのように異なるのか [訳注：後半部 b] [**第四〜八部**]。

第二部　こうした論争の基盤と原因について [訳注：項目Ⅰについて]

「主の聖なる日の最初の夜明け」

　主なる神が、その御力を通して人々を訪れ、自らの神聖なる日の夜明けをもたらされたとき（真理に与り、真理を信じる人々に関して、私はそうした表現を用いる）、そして、神の働きに相応しい者とされ、準備を施された道具としてこれらの人々を送り出され、彼らに人間的な智恵や意志によってではなく、神自らの神聖なる智恵と御心に従って備えさせられたとき、これらの人々は、たとえ人間的なものによって物事を判断する人々の目には、馬鹿な者、狂った者にしか映らなかったにせよ、人間の惑わすような言葉によってではなく、聖霊の働きによる明確さと確証性の内に福音を広め、のべ伝えた。彼らの言葉と証とは、[人々の] 心の内的な人間性にまで到達し、良心の内なる神性にまでおよんだ。そうしたことから、素朴な心を持ち、魂の救済を待ち望んでいたすべての人々は、これらの人々を最も高き方の御使いとして受け入れることになり、彼らの言葉は、人間の言葉ではなく、神の言葉としての意味を持ったのであった。なぜならば、神の御使いを通して真理の証を受け入れ、それを奉じることによって、人々は魂に安らぎを覚えたからであり、そして、これらの人々において神に良しとされる日が始まったからである。

　ところで一体どういう根拠から、これらの人々は神の御使いたちの証を受け入れることになったのだろうか。彼らの言葉が魅力的なものだったからだろうか。彼らの言葉が耳に心地よいものだったからだろうか。彼らの言葉が装われたものだったからだろうか。それとも彼らが人間の肉と意志

の自由を説いたからだろうか。いや、そういうことではない。彼らはそういった事柄を全く用いなかったのであり、彼らの言葉は、雷の如く立ち塞がるすべてのものをなぎ倒し、あらゆるところで罪ある者の心に神の裁きをのべ伝えたのである。彼らは、明らかに冒瀆的な者よりも熱狂的な信仰者を許しただろうか。いや、そういうことはない。彼らは、ある人の偽善性のみならず、別の人の不道徳さをも同じく非難したのであり、同時にそれぞれの内にある神の傷つきやすい種子と芽に対する配慮を欠くこともなかった。彼らは諦めたのだろうか。人間の知恵の欺瞞性に負けて、自ら自身の力で真理を議論しようとする悪しき者の欺瞞性に負けて、「あれやこれや他の事柄について確信するまでじっとしていよう。私は、まだこれが間違いであり、他の事柄が義務であるとは分からないのだから」と語ったのだろうか。彼らがこうした仕方の議論を神の霊の働きを通してどれほど打ち倒してきたことか。この神の霊の働きは、彼らに力強く働きかけ、今こそが主の日が明けるときであること、すべての人々が招かれていること、決して遅れるべきでないこと、また、そのように願い求めるのが、かつて召命された人々が次のように語った際と同じ聖霊の働きであることを示されたのである。「私はまだ行くことはできない」、「私はまず妻と結婚しなければならない」、「私は雄牛の証明をしに行かなければならない」、「私は領地を訪れねばならない」、「まず私の死んだ父を埋葬させて下さい」と。主は、これらの人々を通してこうした言葉に反対しなかっただろうか。この世の形式、交わり、間違った礼拝、そして、馬鹿げたやり方を遵守させようとする敵対者について知る一群の証言者がいなかったのだろうか。しかし、我々は、神に従属する際、こうした事柄が非難に値することであることを感じ取り、さらに心の内なるイエスの光の純粋な現われに従うにつれて、何の戸惑いをも感じることがなくなった。我々はまずこれらの事柄のすべてを捨て去るほうがよく、また、そうするべきであったが、そうすることにためらいが存在したのは、キリストの十字架に対して完全に服従することにあまり気乗りがせず、心に何らかの壁があったためである。光に従い、光を信じるすべての人は、つまずきを覚えることはないのであり、一方で、光に対する信仰を持たない人は、光において現われた方を信じないことによってすでに裁かれているからである。

「伝道者の勇気」

　ところで、これらの伝道者たちの証の大胆さ、勇敢さ、彼らの働きは、素朴な人々の心に大きな驚きと恐怖と驚嘆の感情を引き起こした。その結果、彼らの多くが、かつての時代そうであったよ

うに、良心に痛みを覚え、心が大きく揺るぎ始めた。眠りこんでいた者は目を覚まされ、あらゆる種類の罪や儀式、迷信や偶像崇拝の墓に葬られた人々は心が覚醒させられた。数多くの者が周辺からくまなく集められ、何千もの人々が大きな喜びをもって進んで真理を受け入れた。これらの人々の足は、これらの良き事柄についての喜ばしい知らせをもたらす山々の上に美しく立つものとみなされた。彼らの心の尊き慎ましさと素朴さは、新たに真理に確信した状態や深々とした恭謙、そして、彼ら自身と、主の働きにおいて打ち勝ち、彼らを真理へ導いた人々の双方に見られる力に対する信服から生まれたのであった。

「対立」

しかし、古代の人々がそうであったように、今日真理へと導かれた人々の身にも不和が生じている。つまり、すべての人々が当初からの愛を保ち続けたわけではなかったのである。モーセがエジプトから導きだし、紅海を渡らせ、解放を意味する海辺で主へ賛美の歌を歌った何千もの人々のなかにも、多くの死が入り込み、荒野へと辿り着き、ある者はぶつぶつ不平をこぼし、エジプトでの歓楽を取り戻すことを願い求め、また、ある者は、主がこれらの人々を呪縛から導きだすために用いられた主の御使いと対立し、彼らに反論した。「あなたはあまりに多くのものを占有しすぎだ。「主はモーセを通してのみ語られるというのか。我々を通しても語られるのではないか」」（新共同訳　民12.2）と。

「分離」

また、使徒によって集められた多くの人々のなかにも、最後まで信仰を持ち続けることがなかった多くの者が含まれていた。ある者は体を洗った後も、豚と一緒になって泥のなかに戻り［訳注：2 ペテ 2.22］、ある者は世を愛し、また、ある者は再び分裂し、聖霊の導きを捨て去り、享楽的な生活を送り、神の支配を見下し、神の威厳を損なう言葉を述べ立てた。彼らの口は呪詛の言葉に溢れ、高慢な態度を示し、使徒によって教示された事柄にとどまることはなかった。これらの例と同様、嘆かわしいことに、（霊的なエジプトやバビロンから神の種子や民を救いだし、神の純粋な光と生命の内に導かれることを目的として）、神が今日立ち上げられた使徒や福音伝道者たちの働きを通して生み出され、集められた何千もの人々のなかにも、右や左の立場の人間からの影響を受けて堕落してしまった者が存在するのである。ある者は再びエジプトに舞い戻って、（かつてそこから清められ、救い出された）過度の欲望と混乱の内に陥り、ある者はキリストの十字架の咎めの言葉に

13

我慢できず、すぐさまキリストに背き、ある者は真理にために引き起こる苦しい試練や苦難や迫害に耐えきれず、内なる種子を太陽の熱によって直ちに枯らしてしまったのである。また、ある者は、内なる真理に信従することをやめ、神が定められた教会内の地位と職務に満足せず、空しいことに肉的な考えで一杯いっぱいになり、知りもしない事柄に首をつっこんでいる。

「分裂をもたらす革新者」

そして、［彼らは］最初に教示された事柄とは異なるばかりか、それと相反するような新しい教理や習慣を導入する革新者を求め、党派を形成し、分裂や不和を引き起こし、弱き人々を躓かせ、キリストの使徒や使者、教会の長老たちを否定し、軽蔑し、彼らに対してあしざまに言うのである。こうした使徒や使者や長老たちは、終りのときまで自らの生について気にもかけず、神の御力によって、多くの配慮や巡回によって、また、日々の罪に対する心遣いや罰や束縛や刑罰を通して我々を最も貴重な真理へと教導する人々であるにもかかわらず。しかし、これらすべての事柄において、かつて初期教会が経験したまさにそのことが、現代の我々にも降りかかっているのである。

「彼の教会と民に心を配るイスラエルの良き導き手」

ところが、古代の教会や民を気にかけてくださった方が、我々の時代にもいないわけではない。彼は、最初の頃の高潔さと素朴さの内に真理を回復され、背教の時代に蔓延した誤りに満ちた教理や原理から我々の知性を解放されてきた。そして、彼、すなわち主は、我々を導き手のいない散り散りになった羊であるかのように、みなが好き勝手に歩み、好き勝手な行動をし、何の秩序もない混乱したごちゃごちゃした集団として集められたのではなく、過去現在を通して、御子、主イエス・キリストの良き秩序、規律、そして、統制の内に集められるのである。それゆえに、主は兄弟たちの魂の世話に当たる人々を、真理について語る義務を負う者として他の人々よりも重んじられるのである。

「教会内の様々な役割：コリントの信徒への手紙一第四章第十五から十七節」

したがって、まずこれまで我々を福音によってキリスト・イエスへと導いてきた教父たちが存在する。我々は、彼らに付き従う者であるべきであり、キリストの内にある彼らの道を心に留めねばならない。また、教会のなかには、父の立場にある者や子としての信徒、教え導く者と導かれる者、年長の者や若き者、さらには幼児もいる。教会になくてはならず、奨励し、教え導き、咎め、非難し、裁くことを担うべき者が存在する。そうでなければ、一体どういった目的でキリストは、エフ

ェソの信徒への手紙第四章第十一、十二節で言及された賜物を与えられたというのだろうか［訳注：「そして、ある人を使徒、ある人を預言者、ある人を福音宣教者、ある人を牧者、教師とされたのです。こうして、聖なる者たちは奉仕の業に適した者とされ、キリストの体を造り上げてゆき」（新共同訳　エフェ 4:11-12）］。また、一体どのようにして聖徒たちは完全なる者とされるのだろうか。さらに一体どのようにして、キリストの身体は、そのもとに来た者、いわば秩序や統制による指導のもとに来た者を教化することができるのだろうか。（さらに細かく種類分けができるが）、教会に来たこれらの人々について、主として三つに分類することができるだろう。

「Ⅰ. 涜神的で道から外れた背教者」

　第一の種類は、真理に道があまりに狭き道であることを知り、公然とこの世の生活に舞い戻る者である。こうした人々は、我々にあまり大きな損害を与えることはない。味気のなくなった塩のように、彼らは仲間内でたいてい嫌な臭いを放つ程度だからである。私はこれまでこうした手合いが教会の仲間の役に立ったところを見たことがないし、また、他の宗派の信仰者が我々のなかから獲得したこれらの者についてあまり自慢するところも見たことがない。これらの転向者は、我々の教えに対する論敵として優秀な性質を発揮することはない。というのは、彼らは概して真理と共に宗教性をも失っているからである。私は、幾人かの人々が次のように語るのを聞いたことがある。つまり、「もしもう一度宗教的になるのならば、再びクエーカーたちのもとに戻ろう」と。

「Ⅱ. 軽率で後悔を繰り返す罪人」

　第二の種類は、不用意さ、知らず知らずの内に生じる心の堕落、そして、敵対者による如何わしい魔の手によって罠に陥り、何らかの誘惑や、肉的欲望、霊的な悪といった力の虜になってしまった者である。彼らは、長らく地区の管理者や教会の敬虔な監督者から注意を受け、良心に反する行為を改め、偽りのない悔い改めによって信仰を回復する。しかしながら、自分たちが他の人々から良い方向に向かうようにと気配りしてもらうこと、自分たちが世に対する神の慈愛の印になったことにうぬぼれるような人々である。

「Ⅲ. 教会から分離しようとするやっかいな妨害者」

　第三の種類は、最初の愛、そしてまた、真理に対するかつての熱意を失い、やる気もなく、いい加減になってしまったが、自らの棄教を［周りに］知らしめたり、転向することにためらいを感じることから、それまではっきりと真理を知覚していたにもかかわらず、すべての真理の教えを否定

しようとする者である。彼らは、自分の属する地区で謙遜した態度をとり続けず、傲慢な振る舞いをし、熱狂的で昏迷した心のなかで落ち着かず思いめぐらしたことに囚われて、兄弟たちと不和になり、分裂を引き起こしてしまう。そして、あらゆることに文句をつけ、自分の欠点よりも他の人々の欠点に目をこらし、自らは生命と完全性に適わないにもかかわらず、罵りの言葉でもって神聖な摂理について説教を垂れ始める。さらには、「我々はこの人を王にいただきたくない」（新共同訳　ルカ 19:14）と語った人々に向かって言うかのように、他の人々がすべての事柄において自らの思う通りにならないとのことで、形骸化しただの、信仰を捨て去っただの声高に叫ぶ。もしキリストの教会の良き秩序から鑑みて横暴であるとの批判を被ろうものなら、自由の侵害であるとか、抑圧であるとか、迫害であると語り、「おまえらの秩序と統制には従わないぞ。良心の光に従うようにと教えられたのであって、人間の秩序になど従うか」と怒鳴りつける始末である。これ以上語る必要はないだろうが、こうしたことが、これまで第二部で取り扱ってきた争いの原因になったのである。

第三部　キリストの教会に秩序や統制が必要かどうか ［訳注：項目 II について （11頁）］

「認められるべき教会秩序と統制とは」

　このテーマを論じるに当たって、キリストの教会自体を否定する人々に関してここで取り扱うつもりはない。彼らの答弁については別の機会に見ることにしよう。別の主張点、つまり、キリストの教会には秩序と統制が必要であるとの主張について、教皇主義者やプロテスタント双方の論敵一般へ向けて、証明を行う必要もないだろう。それは彼らが進んで告白、承認することであるし、これまで秩序や統制に欠けるという理由で、我々を非難してきたほどだからである。ところが、今となっては教皇主義者やプロテスタントは、また、高位に就く偽善者などは、そうした教会内の秩序と統制についての［我々の］主張を理由にして我々を非難し、「教会の秩序と統制」を我々にとって都合の悪いものとなるようにできる限り手直ししようとするまでに非常に不合理な立場をとっている。彼らは、かつて教会の秩序と統制の欠如を異端的とみなした一方で、今現在は教会の秩序と統制を行うことを犯罪であるとするまでに不公正な悪意で判断力を失っているのである。

　私がこうした教会の秩序と統制について証明を行うのは、個々人のキリストの十字架のくびきを

うち捨ててしまい、あらゆる帰属や統制を拒絶し、そして、そうした秩序や統制を真理の証に矛盾するものとして否定する人々に対してであり、もしくはあまりやる気もなく、頑固な心で、そうした秩序や統制の後に続くかもしれない危険な結末に戦々恐々として、用心深い態度を取る人々に対してである。

　一方の立場の過誤について指摘し、また、他方の異議に反論するためには、次の主張の持つ意味がこの問題点を十分に明らかにしてくれるものと思う。これらの主張はあまり大きな論証を必要とはしないだろう。

　論拠Ⅰ：第一に、教会の王であり長たるイエス・キリストは、教会の秩序と統制の必要性を指示され、それらを制定された。

　論拠Ⅱ：第二に、使徒たちや初期のキリスト者たちは、聖霊の働きによって満たされ、神の霊によって導かれた際、教会の秩序と統制を実施し、それらを推奨した。

　論拠Ⅲ：使徒や初期キリスト者に権能を行使する機会を提供したのと同じ状況と必要性が今現在生じている。キリスト・イエスの教会は以前と同様の力を持ち、同じ聖霊の働きによって秩序と統制を行うように導かれている。

「教会の権能が乱用されるからといって、その真の意義は無にはならない」［訳注：論拠Ⅰと論拠Ⅱ］

「論拠Ⅰについて」

　第一の論拠に関して言えば、教会という名称自体、秩序や統制という言葉そのものを恐れる者も存在する。こうした状況が生じたのは、教会や秩序や統制という名のもとに展開されてきた多大な偽善、欺瞞、抑圧のためであると考える。しかしながら、偽善者がこうした事柄について偽りを述べてきたからといって、一体どうしてその真理を無視すべきということになるのだろうか。教会の秩序や統制を正しく制定することは、神によって指示されたことであるから、たとえ堕落した人間がそうした物事を乱用し、それを偽ったとしても、軽んじる必要もなく、軽んじるべきでもないだろう。［たとえば］、「キリスト者」という名称ほど、世界中において乱用され、歪められてきたものはないであろう。では、何千もの悪しき連中、いや反キリスト者たちがこの名称を騙ってきたか

17

らといって、この名誉ある名称を破棄すべきというのだろうか。罪ある人間が神を偽り、神の神殿に居座ってきたからといって、神がこの神殿におられることを否定する必要はないだろう。たとえサタンの会堂がキリスト教会という名称を騙り、抑圧と暴力の行使を教会の権能と権威であると主張するとしても、教会の権能と権威はそれがキリストの御心に真に適うときでさえも実行してはならないというのだろうか。私はこうした点に心を留め、すべての人々に対してそれ自体無垢なる事柄に躓くことのないようにと注意を促し、我々が極端な立場に走ることなく、安定した道、つまり、真理の道に留まり続けるように努めることができればと思うのである。

「キリストによって制定された教会の秩序とあり方」

イエス・キリストが教会における秩序と統制を制定されたことは、マタイによる福音書第十八章第十五から十八節におけるキリスト自身の言葉から全く明白ある。第十五節：「兄弟があなたに対して罪を犯したなら、行って二人だけのところで忠告しなさい。言うことを聞き入れたら、兄弟を得たことになる」（新共同訳 マタ 18:15）。第十六節：「聞き入れなければ、ほかに一人か二人、一緒に連れて行きなさい。すべてのことが、二人または三人の証人の口によって確定されるようになるためである」（新共同訳 マタ 18:16）。第十七節：「それでも聞き入れなければ、教会に申し出なさい。教会の言うことも聞き入れないなら、その人を異邦人か徴税人と同様に見なしなさい」（新共同訳 マタ 18:17）。第十八節：「はっきり言っておく。あなたがたが地上でつなぐことは、天上でもつながれ、あなたがたが地上で解くことは、天上でも解かれる」（新共同訳 マタ 18:18）。こうした聖書の箇所から、次のような帰結が確かに導きだされるだろう。

帰結1. 第一に、イエス・キリストは、そうした罪を犯した者の対処方法として、教会にはある種の秩序と何らかの手段が必要であると考えておられる。

帰結2. 第二に、二人の意見を聞き入れることを拒むとすれば、最初に忠告を拒絶したときよりもさらに罪ある者（頑なな者）とされる。

帰結3. 第三に、教会や集会全体の判断を聞き入れることを拒むとすれば、その者は教会から排除され、教会員の資格を失う。そして、その者は、正当にも兄弟たちから異邦人や徴税人と見なされることになる。

帰結4. 最後に、教会、すなわち、神の民の集まりや集会は、教会のなかで、もしくは同じ信仰を

持つ人々のなかで罪を犯したと見なされた者を取り調べ、釈明を求める権利を持つ。そして、も
し彼らが聞き従うのを拒む、もしくは悔い改めるのを拒む場合には、交わりから排除する権利を
持つ。神は、秩序だって行われた神の民による判断や見解に対して特別な配慮を示される。それ
は、地上でつなぐ者が天でもつなぎ止められ、地上で解く者を天でも解き捨てられるためである。

　合理的判断力を持つ者であれば、こうした帰結が上で言及された聖書箇所から当然のこととして
導きだされることは認められると、私はおおよそ確信する。もしこうした結論を否定するほどに不
合理な者がいるとすれば、私は論理によってそれらを証明することもできる。もちろん今は当然承
認される結論であると考えて、それに関する証明をするつもりはないが。「これらの小さな者の一
人をつまづかせる」ことが大罪と見なされるのであれば、大罪を犯すよりも、「大きな石臼を首に
懸けられて、深い海に沈められる方がまし」であろう（新共同訳　マタ18:6）。ましてや、人々の集
まり全体を躓かせ、それを否定する行為は、尚更のこと罪と見なされ、さらに重い裁きを受けるこ
とになる。

「教会の秩序の終り」

　ところで、教会に秩序や統制がなかったとしたら、罪を犯す者たちはどうなるのだろうか。どの
ようにして彼らは信仰を回復するのだろうか。また、こうしたことは、あらゆる相互に対する咎め
や導き、配慮や注意などを無意味なものにしないだろうか。では、一体どうしてキリストはこうし
た方法に従って生きるように人々に求められたのだろうか。なぜキリストは教会の判断を重要視し、
そうした判断を聞き入れないことを譴責の対象となる行為とみなしたのだろうか。彼は、本質的に
は同じであるにもかかわらず、教会が、［叱責の対象となる人が］一人か二人の他の者の意見に聞
き従わなかったことに関する判断に従う必要はないとされたのだろうか。事の本質的な面に関して
言えば、一人の意見を聞き入れることも、全員の意見を聞き入れることも、罪ある者にとっては同
様の義務であるにもかかわらずである。というのは、一人の人も集まり全体を同じく、罪を犯した
者に対して何が善であり、何が悪であるか忠告を加えることができ、また、集まり全体も一人の人
がすでに主張した事柄と同じことを言うか、もしくはそれを確認するにすぎないからである。しか
し、混乱ではなく、秩序の作り手であるイエス・キリストは、教会の見解を拒むに至るまでは、一
人や二人の意見を聞き入れなかったからといって兄弟を追放したり、徴税人とみなすことはないの

である。

「反論」

ローマ教会や誤りに陥った他の教会がこの聖書箇所［マタ 18:15-20］を悪用し、彼らの［人々に対する］迫害や残虐行為や抑圧を正当化するではないか、また、汝は彼らと同じようなことしか語っていないではないかと反論されるとすれば、どうだろうか。

「回答」

私は次のように答えよう。ローマ教会がこの聖書箇所を乱用するからといって、この聖書箇所自体が間違っていると考えるまでに不合理な判断を下す者は誰一人として存在しないだろうと。この聖書箇所を我々がどのように理解しているかについては、後ほど言及しよう。私はこうした権能が我々に属するものであると要求しているのではなく、（この点については、他の箇所に取り扱うつもりである）、こうした権能は聖書の証から明らかであり、それ自体疑いのない真理であること、つまり、教会には秩序と統制があるべきであるとイエス・キリストが望まれていたということを述べているのである。この点がさしあたり現時点で証明されるべき事柄である。もしそれが正しい主張であるならば（また、否定しようがないならば）、当然の帰結として、真にキリストの教会に属する者はこの秩序と統制を行使する権利を持つということになると信じる。

「論拠Ⅱについて」［訳注：17頁］

第二に、使徒たちや初期キリスト者たちがこうした秩序や統制を実践していたことについては、使徒言行録を見るだけで十分であろう。使徒言行録には数多くの重要で否定できない証の言葉が含まれるが、まさしく第一章の第十三節から最後の二十六節までが代表的な箇所の一つであろう。

「使徒や初期キリスト者たちによって実践されていた教会の秩序。マティアの選出に見られる秩序」

その箇所では描かれているのは、キリストの昇天後に使徒や兄弟たちによって初めて開かれた集会で、彼らがユダの任務に就く代わりの者を規律正しく決定しようとする姿である。こうした行いは特に重要でないものと思われるかもしれないが、我々はどういった形で主がこの行動に賛意を示されたかに注目する。使徒たちがこれら二人を選び出したこと、もしくはクジが当たらなかった者を決めたことは、それぞれ二人の内的自由に矛盾し、また、それぞれの内的自由を欺く行為であるなどと、誰もそんなことを言うことがないと信じたい。二人の候補者は、それぞれ十分に納得して

いたのである。一方は選出の際の神の御心と働きかけに従い、また、他方はそうした決定への帰服において働く神の御心に納得したのである。

「貧しき者への配給における秩序」

　さらに使徒言行録第六章では、聖霊の働きに与った後のことであるが、苦情が噴出した際、いかにして彼らが貧しき者への配給の仕方を決め、その任務に就く幾人かの者を決定したかについて見ることができる。そこには、その当時の緊急の状況に応じて秩序と統制が存在していたことが描き出されている。主なる神はそうした決定を良しとされ、神の御言葉はますます広がり、弟子の数がエルサレムで増加したのであった。現在ある人々が言うのとは異なり、これらの職務に就いた者たちは、「我々は、我々が良しとした者にのみ愛を注ごう。我々は、あなた方の命令や指示に従うつもりはない」とは語らなかった。もしそういった態度で臨んでいたとすれば、一体神はそうしたことを良しとされただろうか、それとも良くないこととされたであろうか。

「ウィリアム・ミッチェルの質問状」

　第三に、割礼が議題となった際、すなわち、異邦人に割礼を施すことは適切なことであったか、適切なことではなかったかということが問題となった際、使徒たちはすべての人が自分の考えや望み通りに行動するのは適切ではないと判断したのを見いだすだろう。ある人が混乱して論ずるのとは違って、彼らは外的儀式において統一が取れていないことが真の信仰の一致を生み出すとは考えなかった。そうではなく、彼らは別の手段を用いたのである。このことについては、使徒言行録第十五章第六節にはっきりと叙述されている。

「相違が生じた際の秩序」

　「使徒たちと長老たちは、この問題について協議するために集まった」（新共同訳　使 15:6）。そして議論を重ねた後（このとき、数多くの意見や考えが存在したことは疑いないだろう）、彼らはそれぞれの見解について述べあい、ある明確な結論に至った。確かにある者は意見を譲らねばならなかったであろう。でなければ、彼らは決して一致することがなかっただろう。そうした協議の結果、長老である者たちはある一つの明確な判断を下し、次のように大胆にも語ったのである。「聖霊とわたしたちは、…決めました」（新共同訳　使 15:28）。これらのことから問題なく明らかなことは、使徒や初期の聖徒たちは、聖なる秩序と統制のもとに運営していたということである。神の霊の導きがなしに、また、神の権能やそれに権威が彼らに伴うことがなしに、彼らはこうした決定を

下すことができたなどとあえて主張する者は誰もいないと信じたい。

「教会の秩序に関する使徒の教え。コリントの信徒への手紙一第四章第十五から十七節」

　こうした事柄はたった一回だけ行われた特別なことでも何でもなく、使徒や初期キリスト者たちはそれらを教えとして主張していた。つまり、教会には秩序と統制が存在すべきとの見解が彼らの教えだったという点については、コリントの信徒への手紙一第四章第十五から十七節の証から明らかである。第十五節：「キリストに導く養育係があなたがたに一万人いたとしても、父親が大勢いるわけではない。福音を通し、キリスト・イエスにおいてわたしがあなたがたをもうけたのです」（新共同訳　1コリ 4:15）。第十六節：「そこで、あなたがたに勧めます。わたしに倣う者になりなさい」（新共同訳　1コリ 4:16）。第十七節：「テモテをそちらに遣わしたのは、このことのためです。彼は、わたしの愛する子で、主において忠実な者であり、至るところのすべての教会でわたしが教えているとおりに、キリスト・イエスに結ばれたわたしの生き方を、あなたがたに思い起こさせることでしょう」（新共同訳　1コリ 4:17）。この箇所での使徒パウロの言葉は非常に明確である。第一に、使徒パウロは人々に従う者となるよう望んでいる。第二に、彼は、すべての教会で教えたこと、つまり、キリストに結ばれたあり方を思い起こさせるために、教師や聖職者、また、優秀な監督や長老を派遣している。コリントの教会には背教者や反抗的な輩が存在しており、そうしたことから使徒パウロはこうした書簡を書き記すことになったのは疑いない。この章の始めで、パウロがある者たちによってどういったように判断されていたかが書かれてあり、また、第八節で彼らが思い上がっていたことを示されていることから分かる通りである。「あなたがたは既に満足し、既に大金持ちになっており、わたしたちを抜きにして、勝手に王様になっています」（新共同訳　1コリ 4:8）。

「教会の秩序に対する反論」

　これらのコリント教会の反抗者たちは使徒パウロに対して次のように反論しなかったか。「パウロは、最初我々の内にある適量の恵みに注意し、その働きに従うようにと教えなかったか（というのは、それがパウロの教えだったからである）。それなのに今は、パウロは我々を支配し、彼に従うべきであると主張する」と。教会の反抗者たちは、愛するテモテがその職務に相応しくないと判断しなかっただろうか。彼らは、「汝を促し、汝をこの教会にその働きを通して送り込んだのは、神の働きではなく、我々の信仰を支配しようとする高慢なパウロ自身である。汝は、キリストにつ

22

いて説き、我々と一緒になってキリストや、心におけるキリストの恵みに付き従うためにここにきたのではなく、パウロのやり方に従わせ、すべての教会で教えたことに注意を払わせるためのように思われる。我々は、彼や彼の使者には何の関係もない、ましてや汝の言う秩序やその他の事柄にも何の係わりもない」と語ったのではないかと思われる。最もらしい話ではないだろうか。私は背教的なコリントの信徒たちの間でこうした議論が展開されたのは確かだと考える。我々のなかにいる同じく高慢になっている人々にも、これを鏡として自らの霊の状態について真面目に精査し、判定してもらいたいものである。

「教会内で判断を下す権能について。コリントの信徒への手紙―第五章第三から十三節」

パウロは次の章［第五章］の第三、四節でさらに話を進めている。第三節：「わたしは体では離れていても霊ではそこにいて、現に居合わせた者のように、そんなことをした者を既に裁いてしまっています」（新共同訳　1コリ5:3）。第四節：「つまり、わたしたちの主イエスの名により、わたしたちの主イエスの力をもって、あなたがたとわたしの霊が集ま」る（新共同訳　1コリ5:4）。この使徒の言葉を全くおこがましいと考える者、また、あえて非難する者がいるだろうか。これらの言葉から直ちに気付くのは、彼ら自身の内なる恵みに付き従い、それぞれの心において確証を持つことと、使徒パウロとその生き方に従うことは全く相反することとも、矛盾することとも考えられていなかったと思われる点である。というのは、使徒の生き方と模範は、それぞれの内なる神の霊の働きが（もし彼らがその働きに従うときには）教え導く先の事柄以外の何ものでもなかったからである。それゆえに、使徒パウロは、こうした理由を提示するまでもなく、自分に付き従うように彼らに積極的に命じる必要があると考えたのである。

「父親について」

次に、使徒は彼らを自分に付き従うように導くために力強い議論を展開する。この議論は、彼がこれまでコリントの信徒たちを真理へと生み出してきたという事実に主として基づくものである。「父親が大勢いるわけではない。福音を通し、キリスト・イエスにおいてわたしがあなたがたをもうけたのです。そこで、あなたがたに勧めます。わたしに倣う者になりなさい」（新共同訳　1コリ4:15-16）。このようにして使徒は、ガラテヤの信徒たちへの忠告における論理と同じ論理を展開し、当初いかにして使徒が彼らに対して福音をのべ伝えたかを思い起こさせようとするのである。「あなたがたが味わっていた幸福は、いったいどこへ行ってしまったのか。あなたがたのために証言し

ますが、あなたがたは、できることなら、自分の目をえぐり出してもわたしに与えようとしたのです」（新共同訳　ガラ 4:15）。

「監督者について」

こうしたことから主は、主の下へと民を集めるために主が備えられ送り出された人々に対して、過去現在を通して、民への配慮（Care）と管理（Oversight）という職務を授けられたのが分かる。それどころか、民が道に迷うときはいつでも、彼らをそれぞれの義務へ立ち戻らせ、平和と秩序と調和のために必要となる事柄を指示し、さらに命じることも可能なある種の権威をも授けられたのである。そのようにして集められた民には、主において民の上に置かれた人々へ敬意と尊敬を表わし、さらにはそれらの人々に従う義務があるのである。

「従わせること」

なぜならば、使徒パウロは、コリントの信徒への手紙二第二章第九節で次のように語るからである。「わたしが前に手紙を書いたのも、あなたがたが万事について従順であるかどうかを試すためでした」（新共同訳　2 コリ 2:9）。さらには、第七章第十三、十五節では、「こういうわけでわたしたちは慰められたのです。この慰めに加えて、テトスの喜ぶさまを見て、わたしたちはいっそう喜びました。彼の心があなたがた一同のお陰で元気づけられたからです。…テトスは、あなたがた一同が従順で、どんなに恐れおののいて歓迎してくれたかを思い起こして、ますますあなたがたに心を寄せています」（新共同訳　2 コリ 7:13,15）。

「敵対者の裏切り」

ところでこれらの言葉が意味するのは、かつて信徒たちが盲従していたということでもなく、同じ権能を持つ人々がそれを行使するために、もしくは主がその霊の導きによって促すものとは全く相反する事柄を強制するために兄弟たちの信仰を支配しようとしていたということでもない。（かつてもそうであったように）、敵対者は人を騙すためにそうした主張のもとに近づこうとするものである。また、何らかの相違が生じた場合には、主なる神は過去から未来を通じてその御心を神の民へと伝えられ、神の身体の構成員を育てあげてこられたのであり、現在もそうである。そうした身体としての教会を担う人々に対して、主はそうした争いの状況を教導し、批判し、さらには命令を出す能力と権能と権威を授けられる。

24

「不満を述べる者は退けられる」

　敬虔で心が慎ましく、自らの分を守り、主の言葉に忠実で、すべての人々を統べる真理一般の益と善に気を配るこれらの人々は、不平不満を述べる者を退ける。その結果、彼らは神の霊の働きのもとに一致するように導かれ、兄弟たちと関係を結ぶに至るのである。しかしながら、我が強く、傲慢な人々は、心に不満を抱え、自分たち以外のすべての者を導き、支配しようとする。したがって、自由の主張の下に自らに与えられた分以上のものを引き受けようとして他の者と争うことになるのは彼らの内なる高慢さであり、内なる種子においてへりくだり、その種子のために栄誉を捨て去ることなどありえない。

「真理の栄光は、分裂によって打ち倒される」

　自らの思惑を捨て去るよりも、進んで不和や分裂を引き起こそうとするこれらの人々は、信徒たちを思いやるどころか、真理の名誉と栄光をこの世に対して屈服させ、信徒たちを非難と嘲笑の機会へと導き、悪と無神論の内に彼らの心を麻痺させるのである。

「心の従順と謙遜、そして兄弟たちへの敬意に関して示す聖書の箇所」

　さらに、この点に格好の例を提供するであろう数多くの聖書の箇所の内、幾つかをここで取り上げてみたい。

　エフェソの信徒への手紙第五章第二十一節：「キリストに対する畏れをもって、互いに仕え合いなさい」(新共同訳　エフェ5:21)

　フィリピの信徒への手紙第二章第三節：「何事も利己心や虚栄心からするのではなく、へりくだって、互いに相手を自分よりも優れた者と考え」なさい (新共同訳　フィリ2:3)。

　フィリピの信徒への手紙第二章第二十九節：「だから、主に結ばれている者として大いに歓迎してください。そして、彼のような人々を敬いなさい」(新共同訳　フィリ2:29)。

　フィリピの信徒への手紙第三章第十七節：「兄弟たち、皆一緒にわたしに倣う者となりなさい。また、あなたがたと同じように、わたしたちを模範として歩んでいる人々に目を向けなさい」

（新共同訳　フィリ 3:17）。

フィリピの信徒への手紙第四章第九節：「わたしから学んだこと、受けたこと、わたしについて
聞いたこと、見たことを実行しなさい。そうすれば、平和の神はあなたがたと共におられます」
（新共同訳　フィリ 4:9）。

コロサイの信徒への手紙第二章第五節：「わたしは体では離れていても、霊ではあなたがたと共
にいて、あなたがたの正しい秩序と、キリストに対する固い信仰とを見て喜んでいます」（新共
同訳　コロ 2:5）。

テサロニケの信徒への手紙一第五章第十二節：「兄弟たち、あなたがたにお願いします。あなた
がたの間で労苦し、主に結ばれた者として導き戒めている人々を重んじ」なさい（新共同訳　1
テサ 5:12）。

テサロニケの信徒への手紙一第五章第十三節：「また、そのように働いてくれるのですから、愛
をもって心から尊敬しなさい。互いに平和に過ごしなさい」（新共同訳　1テサ 5:13）。

テサロニケの信徒への手紙一第五章第十四節：「兄弟たち、あなたがたに勧めます。怠けている
者たちを戒めなさい。気落ちしている者たちを励ましなさい。弱い者たちを助けなさい。すべて
の人に対して忍耐強く接しなさい」（新共同訳　1テサ 5:14）。

テサロニケの信徒への手紙二第二章第十五節：「ですから、兄弟たち、しっかり立って、わたし
たちが説教や手紙で伝えた教えを固く守り続けなさい」（新共同訳　2テサ 2:15）。

コリントの信徒への手紙二第十章第八節：「あなたがたを打ち倒すためではなく、造り上げるた
めに主がわたしたちに授けてくださった権威について、わたしがいささか誇りすぎたとしても、
恥にはならないでしょう」（新共同訳　2コリ 10:8）。

ところで、教皇主義者たちは、まるで自分たちがこれまで積み重ねてきた数多くの迷信的行為を正当化できるかのように、これらの聖書箇所を幾度となく乱用する。しかし、これらの聖書箇所の明白さを否定しない限り、次のような意味で語られていると信じる必要がある。つまり、テサロニケの信徒たちにはこれらの命令や、疑いなく必要とされる制度を遵守し、固守する義務が存在するということであり、そうした命令や義務は使徒たちを通してこれらの信徒たちに対して奨励されたということである。もちろん、これらの命令や制度によって、心の内なる神の恵みが導くものに相反する事柄を行うべきであるとか、そうするように命じられていると言う者は誰もいないだろう。

テサロニケの信徒への手紙二第三章第四節：「そして、わたしたちが命令することを、あなたがたは現に実行しており、また、これからもきっと実行してくれることと、主によって確信しています」（新共同訳　2テサ3:4）。

テサロニケの信徒への手紙二第三章第六節：「兄弟たち、わたしたちは、わたしたちの主イエス・キリストの名によって命じます。怠惰な生活をして、わたしたちから受けた教えに従わないでいるすべての兄弟を避けなさい」（新共同訳　2テサ3:6）。

「教会の権威は不当な要求ではない」

この言葉よりも明白な言葉があるだろうか。使徒はここでは決して力で押しつけようとする人間ではないのである。

さらに、テサロニケの信徒への手紙二第三章第十四節には、「もし、この手紙でわたしたちの言うことに従わない者がいれば、その者には特に気をつけて、かかわりを持たないようにしなさい。そうすれば、彼は恥じ入るでしょう」（新共同訳　2テサ3:14）とある。

そして、ヘブライ人への手紙第十三章第七節：「あなたがたに神の言葉を語った指導者たちのことを、思い出しなさい。彼らの生涯の終わりをしっかり見て、その信仰を見倣いなさい」（新共

同訳　ヘブ13:7)。

ヘブライ人への手紙第十三章第十七節：「指導者たちの言うことを聞き入れ、服従しなさい。この人たちは、神に申し述べる者として、あなたがたの魂のために心を配っています。彼らを嘆かせず、喜んでそうするようにさせなさい。そうでないと、あなたがたに益となりません」（新共同訳　ヘブ13:17)。

ユダの手紙第一章第八節：「しかし、同じようにこの夢想家たちも、身を汚し、権威を認めようとはせず、栄光ある者たちをあざけるのです」（新共同訳　ユダ1:8)。

もし必要ならば、今現在の問題を十分明らかにするにこれらの聖書箇所について詳細な説明を施すこともできるが、これまで語られたことについては、意固地で、故意に目を閉じ、頑固であろうとする者でなければ、了解することだろう。というのは、これらの聖書箇所を鑑みて、古代の使徒たちや初期キリスト者たちが教会において秩序と統制を営んでいたこと以上に明らかな事実はないからである。ある人々は、ある事柄を指示し、命令していたのであり、また、神の霊の働きを通してある行為や教えを咎めたり、もしくは承認したりしていた。そして、他の人々には、これらの事柄に従い、順守する義務がそれぞれの職務において存在していたのである。こうしたことは、キリスト者の自由に対する侵害でも不当な要求でも何でもなく、キリスト者それぞれの心において神の霊の働きによって内的に、そして、直接に導かれることと何ら相反することでもなかった。最後に、真の感性と感覚に持つ人にとっては、そうした場合にキリストの教会の決定に従い、教会に一致することは、自らの職務であると考えるものである。自由の名のもとに誤りに満ちた主張をして、意見を異にして反抗するのは、身体の生命についての感性と感覚を失ってしまった人々である。したがって、私がこの箇所で取り扱ったことはこれで十分明らかである。

「根拠Ⅲについて」［訳注：17頁］

　第三に、神の民が同様の状況において同様の統制を行使しても問題はなく、また、そうするのが正しいことであるのを明らかにするためには、あまり多く議論を重ねる必要はないと考える。というのは、論理的に考えれば分かる通り、かつて教会内での混乱に対する善き健全な矯正法とされて

きた事柄が、（まさしく同様の混乱が生じている）現在では危険で有害なものであるということにはならないだろうからである。もし我々がそれぞれの心において同じ聖霊の働きによる証に与り、聖霊の働きによってそうした事柄を許されるのみならず、実行するように命じられるときには、特にそうであろう。

「現在、教会の混乱はかつてと同様の矯正法を必要としている」

　我々には誠に残念なことであるが、現在、かつての同様の状況が生じているのは明らかである。主の食卓で我々と共に食事をし、一つの霊的喜びと安らぎを共有していた者たちが、後に堕落してしまったことを知っている。（大変悲しいことであるが）、ある者は無秩序に歩み、また、ある者は傲慢にも膨れあがり、分裂の種をまき、弱き人々を躓かせ、キリストの教会に罪を引き起こそうとしている。イエスと共に歩まれた聖なる使徒たちがかつて行っていたように、教会の信徒の歩みに付きしたがい、職務を遂行し、そして、それぞれの信徒たちの間を巡回すること以上に、教会のために、また、有害な事柄をすべて取り除くために相応しく、キリスト教的なことが他にあるだろうか。今、無秩序に歩む者がいるとすれば、彼らは、かつてのように警告され、譴責を受け、追放される必要はないのだろうか。それとも、あらゆる不正が非難せずにおかれるべきというのが、今日の教会の置かれた状況なのだろうか。愛において相互に配慮することは異端的な行為であり、抑圧とみなされるというのだろうか。貧しき者の世話をすること、教会内で堕落し、汚れた者が存在することのないように努め、もし可能であるならば、彼らの信仰を回復するために注意深く、キリスト教的に彼らを取り扱うこと、そして、もし矯正不可能であるときに、彼らから離れること、こうしたことも異端的行為、また、抑圧的行為であるというのか。キリストや使徒たちの掟、そして、初期教会や初期キリスト者たちの営みや経験こそを、そうした事柄の正当性や有用性と反する現在の習慣を基礎づけるに十分な先例と見なすような人間は誰も存在しないと、私は信じる。そうではなく、こうした事柄の必要性を認めねばならない。

「反論」

　（ある人々が行ってきたように）、もし次のように反論されるとすればどうだろうか。聖書が信仰と生活の十分な基準であることを、あなたも否定しないだろう。聖書に書かれた掟や業務は、現在、同じ聖霊の働きによって再び正当化され教え導かれることがなかったとしても、すべての事柄を実行するに十分な保証となるものではないのではないのか。その状況を鑑みて、初期教会や初期

キリスト者によって命じられた幾つかの事柄について禁止しないのかと。

　そうだとしても、私はこうした反論に対してどのような点も譲ることなく、完全な力強さをもって自らの主張を展開してきた。この反論に対して、以下のように明瞭に論駁しよう。

「回答1：命じられた事柄の意味は、時間によって変化する」

　第一に、時期や時間によって事柄自身の性質や本質が変化することはないが、その有用性、無用性については変化することがあるかもしれない。

　第二に、ある特定の時期や時間に命じられ行われた事柄は、その命令が行われた原因や根拠が除去されたときには自動的にその意義を失う。現在そうする意義がないことから割礼を決断する必要がないのと同様に、偶像にまつわる事柄に関する秩序についても、そうする理由がないことから実行する必要などない。しかしながら、みだらな行いを避けよとの使徒言行録の第十五章第二十節にある掟は、現在、意味のないものであると言う者がいるだろうか。依然として姦淫は男性に起こりがちな誘惑であることから、日々そうした誘惑に抗する必要があることを鑑みても、そのように言う者などいないだろう。ただ我々は、聖書の文字をそのまま受け取り（今この点について議論することが適切だとしても、そこまで時代遅れになった人物はあまり見かけないが）、事柄の有用性が失われ、その本質自体が知られ、それについて証されるようになったにもかかわらず、あくまでも慣習や慣例や影である部分を弁護しようとする者に対して反対する。この点については、以前に他の箇所で水による洗礼、パンやぶどう酒などの件で論敵に対して十分論じたのと同じ内容であるが、その結果、この件に関する彼らの反論は妥当性を失うだろう。これらの洗礼や聖餐について相違は大きなものであるが、その中心となる性質と本質は、この世にある限り、神の民にとってなしで済まされることは不可能なもの、それどころかその性質、本質なしには神の民としてあることも不可能なものである。というのは、我々がキリスト教信仰の教えと根本的原理を承認し、信じる根本的で主な理由は、それらの教えや原理が神の真理だからである。心において働く神の霊によって、我々の知性はこの神の真理に従い、信服するように必然的に導かれてきたのである。

「回答2：我々の心の内なる真実に関して、使徒たちと共になって行なう証」

　第二に、我々は我々の兄弟、つまり、使徒たちやキリストの弟子たちに共通する証の言葉において大いに確信し、信仰を強められ、安らぎを与えられる。彼らは、かつて聖霊の啓示の働きによって信仰を持つに至り、神の真理を記録にとどめることになった。したがって、「「わたしは信じた。

それで、わたしは語った」と書いてあるとおり、それと同じ信仰の霊を持っているので、わたしたちも信じ、それだからこそ語」るのである（新共同訳　2 コリ 4:13）。とはいえ、聖書の文字を通してこれらの考えを持つに至った者も、神の慈愛を受ける際には、生命の内にこれらの事柄が明らかにされる機会に与ることもあるのは否定するつもりはない。

　なぜならば、我々は、（しばしば正反対の立場を取るとして誹謗中傷を受けるのだが）、「かつて書かれた事柄は、すべてわたしたちを教え導くためのものです。それでわたしたちは、聖書から忍耐と慰めを学んで希望を持ち続けることができる」（新共同訳　ロマ 15:4）ことを喜んで認めるからである。したがって、もし神の霊の働きが私を良き益ある事柄へと導かれ、それどころか私の良心を鮮明にし、私の良心から神や人間に対する敵意を消失させるために絶対的に必要な事柄へと導かれるに際して、「聖書の記述に従って、私はそうすべきではない」と主張するほどに分別のない者は誰も存在しないと信じたい。ましてや、私が聖霊の働きによってこれらの事柄に導かれ、それら自身が有益な事柄であること、そして、かつて同様の状況でそれらの事柄がキリストによって命じられ、使徒たちや初期キリスト者たちが実践し、推奨していた事柄であるとより一層確信を持つことが、誠実でしっかりした信仰を持ったキリスト者にとってどういった悪い影響を与えるというのだろうか。

　神の御前に良き良心をもって真理の教えと原理を信じるように我々を導き、そして、背教の時代の後、（キリストの使徒たちによって聖書の内に書きとめられたのと同じ）古代の純粋さにおいて、そうした教えや原理を保持するように導くのと同一の聖霊の働きが、今現在、以前と同様の状況や機会が生じているということから、我々のなかで行使されるべきものとしてかつての聖なる秩序と統制にも導いていると十分な確信を持って語って良いだろう。そうした点を鑑みるならば、教会の秩序と統制の主張に関して、キリスト教的、また、合理的にどういった反論が展開できるというのだろうか。

「かつてと同じ教会の秩序を主張するに十分な根拠」

　というのは、教会の秩序自体には十分な根拠があり、それが古代の聖徒や教会の習慣であったことは否定しようがないからである。たとえば、誰かが、こうした教会の秩序は実は教えや原理を信じることからでなく、人間に対する不当な要求とか単なる模倣として行なわれたに過ぎないと反論するとして、そこに一体どういう根拠があるというのか（彼らは、そうした反論に疑念を感じつつ

も、我々の教えを承認しようともしない)。人々を真理に確信、了解させ、そして、真理に対する信仰へと導くためにあらゆる努力を行なう必要があるのであれば（我々自身はそうすることはできず、真理それ自体がそれぞれの人々の心において彼らを導き、招くのであるが)、人々が共に集うときには、一致と愛の内に彼らを保持し、キリストの教会となるよう導くこと、そしてまた、使徒が信じる如く物事が行なわれるように注意を払うことも同じく必要であろう。つまり、それはすべての事柄が適切に秩序に適した形で行なわれ［訳注：1 コリ 14:40]、すべての悪しき事柄が福音の秩序に従って取り除かれ、良き事柄が大切にされ、奨励されるようにである。それゆえに、我々はそうした十分な根拠に基づいて、以前と同じく教会にはこれからも秩序と統制が必要であると結論づけるのである。

第三番目に検討されるべき事柄［訳注：11 頁の項目 III を参照］は、さらに次の三つの項目に分けられる。

第一項目：第一に、我々の主張する教会の秩序と統制とはどういうものか **[第四部]**。

第二項目：第二に、どういう場合にまで、またどういう程度にまでそうした秩序や統制が拡大されるのか。また、どういう人物にそうした権能が備えられるのか **[第五・六 (前半部)・七部 (後半部)]**。

第三項目：第三に、そうした秩序や統制が、ローマ教会や他の反キリスト的集団の主張する抑圧的で迫害を好む支配体制とどういう点で異なるのか **[第八部]**。

第四部　我々が主張する教会の秩序と統制とは [訳注：項目 III-前半部 a (11 頁参照)]

教会の秩序と統制について述べる前に、教会 (the Church) という言葉でまさしく理解される事柄、また、理解されるであろう事柄について考察することが必要であろう。なぜならば、（以前にも少し言及したように）、教会の権能、教会の秩序や統制、教会の裁決、また、同類の主張が、反キリスト者や背教的なキリスト者たちによって再三にわたって女性が迫害され、人の子と争いが繰り返されてきた際に用いられた強力な武器だったことから、まさしくこの言葉に気分を害したり、少なくともこの言葉に恐怖を感じる者が存在するからである。確かに、この教会 (CHURCH) という言

葉に関して背教の時代でもこれまで学識溢れるラビたちによって、教会とは何であり、その言葉によって何が意味されるのかが大いに議論されてきた。今ここでそうした細かい議論に立ち入ることは適切でない。真理に即して、教会の真の意味を示し、聖書の明瞭な証を例示するだけで十分である。

「教会という言葉がまさしく意味することは何か」

教会（CHURCH）という言葉それ自体は、聖書のなかで用いられるように、招かれて共に集うある特定の人々の集まり（Gathering）、一団（Company）、集団（Assembly）といった意味である。ギリシア語のエクレシア（*ekklēsia*）はそうした集まりを意味するが（聖書の翻訳者たちはその言葉に教会という語を当てたのである）、このエクレシアは元来エカレオー（*ekkaleō*）、つまり "*Evoco*"「私は呼び出す」という語から来ている。その語幹 "*kaleō*" は、"*Voco*"「私は呼ぶ」を意味する。英語で教会という語は、宗教的理由により集まる人々といった意味で理解されるに過ぎないが、ギリシア語では、この点を考えに入れるならば、一般的にすべての人々の集まりや集会という意味を持つことになる。

「彼は集会を解散させた（*dimisit concionem*）」

したがって、使徒言行録第十九章第四十節には、「エフェソの書記官は大騒ぎを起こした集団を解散させた」とあるが、ギリシア語の同じ箇所では、"*ekklēsia*" という語が用いられるのである。つまり、"*apelyse tēn ekklēsian*"「彼は、その集団（もしくは教会（the Church））を解散させた」と。

「宗教的な意味での教会とは何か」

聖書にある教会とは、ある特定の人々の集会や集団といったことであるが、（最も一般的に理解されるように、宗教的な意味で解釈するならば）、彼らは同じ原理や教理や見解を信じることによって共に集められた人々であり、そうした信仰によって彼らは一つの体として他の人々から区別され、それぞれ相互に特別な関係を持ち、そして、彼らが正しいと考える教えを保持し、広めようという関心を共有することになる。その結果、彼らはこうした共通の関心を破壊し、その伝道を妨害し、そうした関心に汚名や醜名を着せようとするあらゆる機会を防止し、取り除くために、また、他方でその集団に属する人々、もしくはその可能性のある人々を利用し、その集まりを公然と非難し、中傷させようとするあらゆる機会を防止し、取り除くために、互いに配慮、監督し合うことになる。

「真実の教会と偽りの教会を見分ける方法」

ところで、キリストが真なる首である人々の教会、集まり、集団と、偽りの教会とを見分ける方法は、それらの人々が共に集るもとになる原理、根拠について考慮することであり、その集まりの職階層や秩序の性質、その秩序を維持するための手段や方法、そしてまた、その秩序の成立する基盤について考察することである。こうした考察が、あらゆる誤りを取り除く助けになるのである。

聖化と聖なる生活こそがキリスト者にとって重要で最終的な目的であり、そうした聖化と聖なる生活こそが彼らを共に集うように促すのであるが〔訳注：クエーカーにとって、聖化とはイエスの至上の命令「隣人を愛せ」、「敵をも愛せ」の実践にある。これが教会（集会）形成の中心原理の一つである〕、その点で使徒パウロは、コリントの信徒への送辞において、次のように教会を定義している。コリントの信徒への手紙一第一章第二節：「コリントにある神の教会へ、すなわち、至るところでわたしたちの主イエス・キリストの名を呼び求めているすべての人と共に、キリスト・イエスによって聖なる者とされた人々、召されて聖なる者とされた人々へ。イエス・キリストは、この人たちとわたしたちの主であります」（新共同訳　1 コリ 1.2）。

「教会員に対する教会の配慮」

（Ⅰ）第一に、我々の支持する教会の権能、権威、秩序、統制とは、自分自身でその一員であると告白した、もしくは告白する人々に対して、教会や集会、集まりや集団が持つ権能であり、権威であり、秩序であり、統制である。それらの教会員は、我々と同じ一つの教理や教えを奉じ、信じ、告白し、一つの特徴と名称のもとに歩む者である。したがって、たとえば、誰かが違反したり、罪を犯したり、過ちに陥るとして、時宜に適った形でキリスト教的に咎めを受けたり、更正させられたり、非難されない場合には、正しくも論敵らによってそうした過誤が全体の責任として我々自身に負わされるのは当然のことであろう。というのは、我々は、我々に属さず、ましてや我々に対立する立場をとる人々に対して、自分たちの一員として、兄弟として咎め、教え導き、立ち直らせようとしてわざわざ干渉するほど愚かな者ではないが、しかし、キリスト者の名称にとって不名誉となる事柄を取り除き、キリスト者の不死なる魂の益となるようにとの気持ちから、神の栄光に帰す熱意から、そして、この地上において神の永遠なる真理を高め広めるために、自らの命を危険にさらすようなときでも、ちりぢりになった人々を捜し求め、生きた確実な基盤を作りだし、すべての人々がキリストの福音に従うように、また、神が神の光によって、そして、その光においてそれぞ

34

れの心の内に啓示された咎めの言葉に注意を払うように説き勧めることを怠ることはなかったのである。したがって、我々の配慮と巡回の職務は、過去現在を通して外部にある人々に対して行なわれるのであり、その目的は光において聖徒の交わりに彼らを導き入れるためであり、また、我々のなかに招き入れられた人々が再び敵対者の働きと誘惑によって外へと追い出され、右や左の極端な道へ向かうことのないように集会内部の人に対しても行われるのである。

　今やこれらの事柄が明確にされたので、我々は次のようにはっきりと主張しよう。つまり、我々は、神の御力によって共に集められ、ある特定の教えと教理を信じ、ある特定の務めと職務を行なうように導かれた者である（これは、すべてではないとしても、我々のなかで教会の秩序と統制に関して対立する見解を持つ人々の大部分も承認してきたことである）。こうした信仰と務めによって、我々は他の人々と区別され見分けられることとなり、その結果、我々の一つの証にそれぞれ適った存在となり、その証のために大いに苦難に堪え忍んできたのである。

「教会における多様な賜物」

　そうしたことから、共に集う時のみならず、そうした集まりを保持するためにも、当然の事として身体全体の教化に役立つ様々な賜物や働きが存在するのであり、存在せねばならないのである。それゆえに、使徒は、テモテへの手紙一第五章第十七節において次のように語る。「よく指導している長老たち、特に御言葉と教えのために労苦している長老たちは二倍の報酬を受けるにふさわしい、と考えるべきです」（新共同訳　1 テモ 5:17）。我々の考えでは、こうした見解は別に教皇主義的でも、反キリスト教的でもない。もし我々の論敵が、使徒の意見をそれとして尊重せず、そうした反論を展開するのであれば、飽きるまで言わせておけば良いだけの話である。

「集会が業務に関わることについて」

　（Ⅱ）第二に、ある者は豊かに、ある者は貧しく、ある者は僕に、ある者は主人に、ある者は結婚し、ある者は未婚のままであり、また、ある者は夫を失い、ある者は孤児になるように、すべての人々が必ずしも同じ境遇に召命されるわけでないのだから、それらの人々の世話に最も努力を払う者にとって一番都合の良いであろう場所と時間に、ある特別な集会を開催することは、単に便利であるのみならず、絶対的に必要なことである。その集会には、世話を行なう側の人間が集まり、そして、こうした世話を必要とする人間もやってきて、それぞれの窮乏状態を知ってもらい、その必要性に応じて、助言や物資の配給といった助けを受けることになる。

「使徒によって創設された集会」

　こうした集会は、聖霊の働きによって内的に直接的に導かれることと何ら矛盾することはない。さもなければ、一体どうして使徒は、神の霊の働きが力強く注ぎ込んでいた時代でさえこうした業務のためにある人々を指名したのか。この集会はそれぞれの内なる導きから人々の目を背けさせるのを目的としたものではなかったのは明らかであるが、それどころか聖書にはそれとは反対のことが書かれている。「それで、兄弟たち、あなたがたの中から、"霊"と知恵に満ちた評判の良い人を七人選びなさい。彼らにその仕事を任せよう」(新共同訳　使6:3)。教会の人々が聖霊の働きに完全に満たされた状態でそうした業務を行なってなかったのは確かだろうが、この点が、彼らが聖霊によって導かれていたことに対する矛盾を差し込むことになるかもしれないが、業務に関するある特別な集会を持つことは使徒の教えに一致し、それに相応しいものであると、我々は考える。場所や時間といった要素は本質的な事柄には何の関係もないことであって、単に我々人間の都合によるものであるが、たとえ万が一にもこうした特定の場所と時間に集うことにためらいを感じるほど奇妙で思い上がった者がいたとしても、我々は場所と時間を指定することには十分な理由があることを、自信をもって明らかにすべきである。(こうした利便性については、肉と血を身に纏う限り十分配慮しなければならない。この神聖なる職務に反対し、行動に出るのではなく単に無意味な想像にふける頭だけの人間は使徒ヤコブが聖書のなかで述べる人間にそっくりである。彼らは「裸の者には服を着せ、腹を空かせた者には食べ物を与えよ」と語るだけで満足し、実際にはそうしたものを少しも渡そうとしないのである〔訳注：ヤコ2:16〕)。

「集会にとって便利な場所」

　第一に、集会の場所を指定することに関して言えば、以前にも言及したように、我々が共に集う時には、身体のみならず、それぞれの心 (Spirits) をもって集わねばならない。そこから当然のこととして、我々はそれぞれに相応しく話をし、行動することができるように、同じ一つの場所に足を運ばねばならず、よってその集会はある特定の場所で行なわれねばならない。そして、この集会は、すべての人々に何処で行なわれるかを知られておかねばならず、この点で集まりに参加する人々の都合と機会に配慮する必要がある。では、コリント教会の者が、自らの働きを果たすためにアンティオキアまで出向くことが、また、エルサレム教会の者がその職務を果たすためにローマまで出向

くことが必要か。否。神が我々に理性の働きを授けられたのは決して意味のないことではなく、我々は神の栄光のために、そして、我々の兄弟の益となるように、（もちろん常に神の御力と霊の働きへの信従の下に）理性を用いねばならない。したがって、我々は、我々の集会を指定する際、これらの事柄を尊重するのであり、決して主への敬意なしにではなく、神に対する畏れをもってそうするのである。

「都合の良い時間帯を指定すること」

　集会の時間を指定することについても同様である。これも聖霊の内的導きに何ら矛盾することではない。そうでなければ、一体どうして使徒はコリント教会の人々に募金する時間を指定したのか。使徒は次のように語る。「週の初めの日にはいつも、各自収入に応じて、幾らかずつでも手もとに取って置きなさい」（新共同訳　1 コリ 16:2）。また、彼は、ガラテヤの教会に対しても同様の指示を行なったと語っている［訳注：1 コリ 16:1］。他のすべての事柄がそうであるように、もし外的な職務のためにある特定の時間を設定することが神の御心に服する形でなされるのであれば、一体どうしてそれに反対する者が存在するのだろうか。私には全く分からない。さもなければ、ある特定の時間や場所を設定することに反対する者は、（この分では）コリント教会やガラテヤの教会に対する不当な要求を理由に使徒と争うほかないのではないか。我々は、人々が特定の時間に言葉を語り、祈りを行なう目的のために神の礼拝のための特定の時間を指定しはしないが、しかし、我々が神の臨在を感じ取れるように、そして、神が制限なく良しとされるがままに我々の内に働き、我々を通して働かれるように、主の御名のもとに共に集うための特定の時間を指定するのである。

「こうした集会を営み続ける根拠とは」

　我々がこうした集会をますます力強く営み続けることができるのはキリストの約束と我々自身の神聖な経験からであり、また、我々がこうした集会を放棄するのを厳しく禁じ立てるのは聖なる使徒の言葉であり、他方で怠慢と偏見から神の集会を捨て去った人々から得た悲しい経験である。そうした神の集会の多くにおいて、罪人に対する裁きが成就されており、また、他方で成就されつつある。ヘブライ人への手紙第十章第二十三節から最後の節を見よ。そこでは、集会を営むことが義務であるとされ、その営みに対する侮辱は、（完全にというわけではないが）ほとんど許し難い故意の罪とみなされている。それどころか、それは神の御子を踏みにじること、恵みの霊の働きに対する蔑みであるとみなされている。これらのことは我々のこの時代において起こった事柄であり、

我々のなかから堕落した者の嘆かわしい果実である。したがって、こうした集会の営みについての十分な真なる根拠のみならず、キリストや使徒たちが掟や働きを通して示された証拠と奨励を鑑みれば、（アルファでありオメガ、必要な土台であり布石として）、我々は心から次のような主張を展開することができる。つまり、神は神の霊の働きを通して場所と時間を指定するように我々を導かれてこられた。それはそうした特定の場所と時間に執り行われる集会において、人々が相互に顔を見あい、相互に配慮しあい、そして、相互に愛と良き業へ触発し合うためであると。こうした集会の対する我々の信仰と信頼とは、正しい良心と理性を持つ人間ならば、到底成功するとは思えない論敵の単なる否認によってぐらつくようなものではない。というのは、この集会はそれ自体には、非常に堅固で真実なる根拠と基盤だけではなく、数多くの適切な模範と前例が存在するからであり、また、我々の心に働きかける神の霊の証によって、そして、我々が日々授かる良き果実と結果によって常に確証を与えられるからである。この果実と結果とは、神が良しとされる印、証拠であり、この印と証拠において我々は神に受け入れられるのである。

　このように、神の民の集まりには秩序と統制が必要であること、そして、我々が賛同する点はそうした目的のために選び出されたある特定の集会が存在した方が良いということを十分に示してきたのであるが、次に考察されるのは、どういう場合、どういう程度まで教会の秩序と統制とは拡大されるべきかという問題である。

第五部　外的で世俗的な事柄に関して、どういう場合、どういう程度まで教会の統制は拡大されるべきか [訳注：項目 III-前半部 b（11頁参照）]

「集会が業務に従事するようになった必要性」

　まず使徒たちの間でこうした教会の統制が必要となった理由、および当初も存在しており、現在、我々の間でも同様の理由を生み出すと考えられる状況について考察することから始めたい。つまり、それは貧しき者、夫を失った者、孤児に対する世話である。愛と慈しみとは素晴らしい、いやそれどころか最も主要なキリスト教的特徴である。キリストは次のように言われる。「互いに愛し合うならば、それによってあなたがたがわたしの弟子であることを、皆が知るようになる」（新共同訳　ヨハ13:35）。

「1.貧しき者、夫を失った者、孤児の世話をすること」

　使徒ヤコブは、宗教の本質を第一にこの愛と慈しみに位置づける。「みなしごや、やもめが困っているときに世話をし、世の汚れに染まらないように自分を守ること、これこそ父である神の御前に清く汚れのない信心です」(新共同訳　ヤコ1:27)。こうした事柄を一つの主要な目的として、我々は共に集うのである。それは、困窮に陥った信仰深い貧しき家庭がいないかどうか問い調べ、彼らが必要なものを供給され、夫を失った者が世話をされ、孤児や父なき子たちが養育され、教育を施されるためである。こうした良き秩序と統制を非難し、そういった事柄など必要でないと言うほどに非キリスト教的な者はいないだろう。しかし、もし次のように反論する者がいるとすればどうだろうか。つまり、あなた方のすべては聖霊の働きによってそうした困窮に陥った人々に必要なものを与えるように導かれるのではないのか。とすれば、一体どうしてそうしたことを取り決める集会が必要になり、そうした決まり事が必要になるのかと。

　私は次のように答える。神の霊の働きが我々をそのように導くのであると。彼もこれには反論しようがないだろう。また、こうした業務は、聖霊の働きによって内的直接的に導かれることと矛盾するような行為では決してないと。というのは、神の霊の働きは、かつて神の民をこうした秩序立ち、評判の良い事柄へと教え導かれたように、今日でも同様に我々を教え導かれているからであり、神は秩序の神であって、混乱の神ではないからである。

「使徒たちの例」

　それゆえに、聖なる使徒たちは、聖霊と智恵に満たされた人々を貧しき者の世話に指名することを、聖霊の働きによって導かれることと何ら矛盾しないことと判断したのである。ところで、聖霊の働きに満たされることがこうした業務に従事するための資質であったとすれば、彼らの業務の特性はこのように重要であるとされる資質を、まるで聖霊によって導かれずとも果たすことができるかのように不必要なもの、意味のないものとすることはなかったであろう。

　さらに言えば、彼ら古代のキリスト者たちはすべてその当時聖霊の働きによって満たされてはいたが、こうした秩序や統制が図られる以前の段階には、彼らにも何かしらの欠点があったのを見出す。「日々の分配のことで、仲間のやもめたちが軽んじられていた」ことから、苦情の声が出たとの叙述がある(新共同訳　使6:1)。もちろん我々は、使徒たちが聖霊の働きを通して神の御心を伺

39

うことなしに、教会に入り込んできたこうした悪を矯正しようとしたとは考えるべきではないし、また、教会員たちへのこうした導きが背教への第一歩であったとも考えるべきでない。我々についても、同様の状況にあるからといって、こうした批判を受けるいわれもないだろう。

「貧しい者のために役に立つこと」

　イスラエルの民のなかには物乞いがいなくなるように、また、現在も同じ状態を再現するために、貧しき者たちを困窮から解放することが福音にとって重要で相応しいものであるとすれば、その実現のために業務を取り決め、必要とされる事柄に関して一般的な通告を行なう集会が存在してはいけないというのだろうか。それは、すべての者が神によって心が促され、（不当な要求や矯正や制限などなしに）それぞれ良き方向に導かれていくにつれて、貧しき者たちに対して必要な事柄を提供することを目的としたものである。そうだとすれば、この問題における我々のやり方に対して不満を述べる者は使徒のやり方についても変に感じるはずである。いかに使徒はこの点でコリントの信徒たちに対して自らの望みや憤りをしきりに何度も何度も熱心に繰り返していることか。コリントの信徒への手紙一第十六章第二節、およびコリントの信徒への手紙二の第八、九章の全体を見よ。

　ところで使徒は他の箇所で信徒たちに対して、彼らは聖なる霊の神殿であり、神の霊がそこに住まわれるとの証を行なうのであるが、しかし、だからといって、使徒はこの問題においてある種の秩序を彼らに願い求め、奨励し、さらにはそうした秩序を提示するのを止めることはないのである。

　偏見に汚されない者を十分に納得させるだけの力のあるこれらの議論に加えて、我々には、これらの事柄に関わる際、神の聖霊の秘なる証がその果実と効果と共に伴うことを知っている。このことについては、必要を満たされ、自ら自身も様々な困難を経験しながらも救援を行なってきた数多くの人々が証することである。

「徒弟の職を与えられた父なき子たち」

　また、ある人々の証言、そして、数多くの孤児や父なき子たちの証言の言葉も存在する。彼らは、商売や職業に就かせ、必要なすべての教育を施してくれた神の民の優しい愛と配慮から、父や母、また、他の関係を喪失したとの感覚を味わうこともなかったのである。こうした証の言葉から今日でも、確かな見る目を持つ者には、集会には単に人間の行為や秩序が存在するのではなく、何万もの聖徒たちに現われる神の働きこそが存在し、この神の働きがこの地上に真理のみならず、慈愛と正義を確立されるのだということを明らかな事実として受けとるだろう。

「2.外的な事柄についてそれぞれ異なる教会の職務を組織化すること」

　第二に、したがって、こうした目的のために、この教会の秩序はフレンドたち［クエーカー］の間で生じる外的な問題に関して様々な区別を取り決め、そうした区別を組織化するところまでおよぶ。そうした外的な問題は、数多くの例から明らかなように、隣人たちを傷つけたり、騙そうとする明白な意図など全くない多様な事情の絡む複雑な状況から生じるからである。

　もし敬虔な人々や主の民を悩ませ、（可能な限り）彼らのなかに争いや不和を生み出そうとする輩の謀略や誘惑によって道を外れてしまい、隣人たちを虐待したり、傷つける人々が出てきたときには、我々は、主によって同じ一つの信仰へと集められ、同じ一つの証と苦難によって他の人々と区別される民として次のように力強く言おう。つまり、我々のなかにそうした事柄が生じたときには、救済策を他の場所に求めることなく、それらについて裁定し、それらを取り除く権能と権威が我々には存在する。そして、こうした権能と権威にはそれ自体、偏見がなく頑固でもない人間ならば、非難し得ないほどに十分な根拠が存在するのであると。というのは、たとえ我々が信仰と宗教に関して同じ考えを持ち、他のすべての人々を（過ちにあると考え）、我々と同じ真理の内に導き入れることを共通の目的とみなすとして、我々の告白する真理が我々の間で生じたこの世の問題を解決するだけの力を持たないとすれば、我々は彼らを良い方向へと導こうとする点でどれほどの自信を持てるというのか。もし我々が自分たちでは無理ということで他の場所に公正と正義を求めるとすれば、常に真理に付随すべき徳性が当然ながら欠如していると思われるというのに、一体どうして彼らを我々のなかに導き入れることができるというのか。万が一我々が別の仕方で主張を展開しようものならば、それは主の御手のなかでこれまで築き上げ、そして、現在もその途上にある真理と信仰を破壊することになるだろう。この点で我々に反対の立場を取る人々の考えや行動と変わらなくなるだろう。

　こうした事柄の力強く内在的な根拠のほかに、さらに我々の立場は使徒たちの証と一致し、使徒たちからの証言と証拠に裏付けられる。コリントの信徒への手紙一第六章第一節には、次のようにある。「あなたがたの間で、一人が仲間の者と争いを起こしたとき、聖なる者たちに訴え出ないで、正しくない人々に訴え出るようなことを、なぜするのです」（新共同訳　1コリ6:1）。

「反論」

しかし、もしあなたは自分に属さないものをすべて不義と見なすのか、他のすべての人々には正義はないと考えるのかと、反論されるとすればどうだろうか。

「信仰者は、不義なる者に対して法律的処置を取らない」

私は次のように答える。使徒はそうした表現を用いているが、使徒が当時キリスト教信仰を受け入れていなかった他のすべての人を不義なる者と見なしていなかったことは確かである。異教徒のなかにも道徳的で義なる者が存在していたのは疑いない。そうしたことから、使徒パウロはフェストゥスの高貴なる性質を褒め称えたのである。使徒は、その箇所で言及された人々を聖なる者という点で正しくない者とみなすにすぎず、もしくは聖なる者と比較して、彼らをそれぞれの内にある神の義の原理に従い、信従するまでには至らない者として見ているにすぎないのである。したがって、使徒は教会で最も小さき者にもそうした事柄を決定する能力があると考えるのだが、しかし、そうした場合には、たとえ不義を甘んじて受けたり、奪われるままになるとしても、他の人々のもとに赴き、真理に過大な損害を与えることになるよりも、聖なる者の決定に従うことの方が確かであると考えるのである。神の民として共に集うようになって以来、確かにこうした事態が数多くの我々の間でも生じてきたが、しかし、だからといって、我々の見解を拒否する正当な理由など誰も持たないであろう。たとえ自分たちのなかに問題を見いだしたとしても、その問題について他の人々の判断を仰ぐことになるとすれば、上述の書簡の第六章第七節で、使徒が自らの信念を語るように、「そもそも、あなたがたの間に裁判ざたがあること自体、既にあなたがたの負け」（新共同訳 1 コリ 6:7）であって、真理の栄光や益よりも、外的な事柄にばかり関心が向いている証拠であると言いたい。したがって、そうした仕方を尊重する者は、たとえ彼らの考えでは間違いであると思われることであっても、それにあえて甘んじることになる。

「財産の区別について」

たとえば、自他の財産の区別に関して二つの派閥が互いに対立していたとして、真理の力と、良心における神の御力に従う正しい判断によって、誤った判断を下した者、もしくは間違いを犯した者が正しい認識に導かれることがない限り、それぞれ二つの派閥を満足させることは少しばかり困難なことであろう。こうしたことはしばしば我々のなかでも生じてきたことであるが、その結果、我々は次のような確かな信念に改めて気付き、確証を深めることとなったのである。つまり、キリ

ストは、我々のなかでかつて存在した裁き手と導き手を回復されようとすることで自らの約束を果されつつあると。

「兄弟たちの判断ではなく、信仰を持たない者に判断を求めるのは、真理を損なうことである」

そうした問題において兄弟たちの判断には従わず、信仰を持たない者に判断を求めるほどに気むずかしく、気まぐれな人間が存在するとして（彼らも神とキリストへの信仰を告白することから、彼らのことを古代の異教徒という意味での不信仰者と見なすつもりはないが、しかし、我々が信じる神の真理としての教えや教理に対しては不信仰な者であり、その意味で兄弟たちを通して彼らに働きかける方に対して不信仰な者であると言っても過言ではないだろう）、そうした人々は、何よりもまず自分たち自身が告白する〔我々の生命よりも大切なはずの〕真理の栄光と名を汚すことである種の害を与え、悪を犯す存在であると。彼らがそうした悪を犯す所以たる外的な事柄においてさえ、彼らは運任せで行動し、思い通りに事が運んでいるかどうか分からないままである。もし失敗した時には、彼らは二重に損害を被ることとなり、もし成功したときには、真理の名を損ねることになり、あまりに高い代償を支払うことになる〔彼らの外的成功もそうした損失を決して補うことのできないにもかかわらず〕。もし善〔また、霊的な善でさえ〕のためといって悪を犯すことが不法であるとされるのであれば、卑劣な悪を積極的に行い、善なる御国に悪しき評判をもたらし、そして、異邦の民を喜ばせることは、さらに一層不法な行為である。使徒が上述の聖書箇所で十分に論じるように、外的な成功に対する不確かな望みから離れて、損失を甘んじて受ける方が遙かに素晴らしいことである。

もし自分たちのなかには兄弟たちを裁くほどの能力のある賢明な人間も、誠実な人間もいないではないかと考える者がいるとすれば、また、我々のなかにそうした者が存在するようであれば、我々は彼ら自身もその考え自体も何の価値もないものと確信するに至り、彼らの問題にむやみに干渉することはなくなるだろう。

「我々に関する背教者たちの言葉」

何らかの理由により我々の元から離れ去ってしまった人々が存在するけれども、彼らがこれまで我々に対してそういった考えを抱くことはなかったと聞く（神を賛美せよ）。しかし、彼らの大部分が、ある事柄やある人物に対する攻撃を被ってきたことから、「我々は概して誠実で高潔な心の人々である」との見解を一致して持つに至ったのである。

しかしながら、真理に対して斜に構えた論敵や背教者たちが我々についてどういった意見を持とうとも、そしてまた、彼らが愛着も感じず、むしろ偏見を抱く人々の内に何の正しい点を見出し得なくとも、（上で述べられた議論や聖書の証に加えて）、我々は最終的には次のように言うことができるだろう。つまり、こうした事柄を信じる人々の間で日々増し加わる良き果実や結果のみならず、我々の間で主が築き上げようとされている教会の統制の他の事柄こそから、我々はますます教会の秩序と統制に信頼を託すことになり、そして、自信をもって良心から述べることができる信念、すなわち、神はその霊の働きを通してこうした教会の秩序と統制へと我々を導かれてきたのであり、そこに我々は然るべき時には今よりもっと明らかになるであろう主の御手を見いだすとの信念をますます確証することになるのであると。

「教会税や十分の一税を強要する司教たちは、瀕死の一撃を加えられた」

そしてまた、主の御手において我々がなす敬虔な証を通して、反キリスト者や背教者たち、つまり、国定教会の教職者たちは、我々が教会税や十分の一税の強制について問題を見いだし、それらに対する反対の証を展開するなかで致命的な打撃を被ることになったのであると。我々はこうした教会税や十分の一税といった制度に反対して、あらゆる類の残酷な苦難の数々を通して証をなし（この点については、後の世代の人々も我々の苦難に関する記録から知ることだろう）、その結果として、何千もの人々の心の内なる王国がよろめき始め、力を失い始めたのであり、そして、真理がこの地上に優勢となるときには倒壊に至るだろうと確信する。そして、他方では、我々は正義と純潔に至ることを通して、そしてまた、民衆の不正や不和を煽ることで富を蓄え、贅沢、欲望、そして、反抗の内に暮らすこれらの人々に機会を与えないことで、（賃金のために説教をするのみならず）報いを求めて裁きを下すようなこれらの人々の王国の力を弱めるのである。というのは、我々が真理や義に忠実に従い、それを固守することによって、それらの真理や義がこの世で打ち勝つとき、国民は（司教たちのみならず）偽りに満ちた多くの法律家たちからも自由にされ、その束縛から解放されることになるだろうからである。

「法律家たちは、計略や難解な論議によって争いを扇動する」

こうした法律家や司教たちは、数々の計略と終りのない難解な論理によって誠実な人々の重荷となる仕方で正義を示し、論争や不和を煽るのを止めようとしないのであるが、それはそうすることで食事と自らの地位を確保し、職を継続できるからである。真理が広められることで、人々はあま

44

り争いを好まないようになり、そして、これらの論争の多くが止むことになるのであるが、一方で
何らかの食違いが生じたときには、判断を下す役割を担う聖徒たちが、賄賂や報酬を期待したり、
法律家たちの計略や終りのない論理の迷宮に立ち入ることもなく、直ぐにこれらの食違いを解決す
るに至るだろう。多くの人々は知ることもなく、これからも知ることもないであろうが、これこそ
が主が我々のこの時代において打ち立てようとされることである。なぜならば、こうしたことは、
あまりのみすばらしさのために内なる現れであるキリストを軽視する人間たちの智恵とは全く異な
り、それに全く相反する仕方でなされるからである。それは、古代のユダヤ人たちが外的なみすば
らしさのためにキリストを見下したのと同様である。しかし、そうした状況にもかかわらず、キリ
ストが到来されたことを目の当たりにし、黙ったままでおれずに、証を行なう義務を担うことになっ
た人々もいたのであり、今日でも同じく、キリストが再び到来され、何千もの聖徒たちにおいて
現われたことを認められる人々が数多く存在するのである。

「キリストが回復されようとする黄金期」

こうした何千もの聖徒たちのなかで、また、それらの人々の間で（今後さらに集められるであろ
う人々の最初の果実として）、キリストは黄金期を回復され、御子の聖なる秩序と統制へと彼らを
導き入れられようとされているのであり、また、御子はこれらの聖徒たちのまっただなかにおいて
彼らの上に立たれ、彼らを統治するためにかつてのように導き手や裁き手を置かれ、そして、この
地上において再び真理や慈愛、正義や裁きを確立されようとしておられるのである。アーメン。ハ
レルヤ。

「3.結婚の世話をすること」

第三に、これらの集会は、すべての事柄が明確に運ぶように、そしてまた、後で真理の妨げになっ
たり、当事者たちを傷つけることになる仕方で行なわれることがないように結婚の世話をする。
この結婚という事柄、この世で男女が執り行う最も重要な（それ自体合法的なものと認められる）
外的な事柄である。もし結婚の手続きが慌ただしく軽率に騒々しく行なわれるとすれば、まさしく
大きな躓きと不名誉が、結婚の当事者と彼らによってなされた告白とに降りかかることになる。し
たがって、信仰を同じくする同士たちの間ですべての事柄が正しく立派に執り行われるようにする
ために集った神の民によって、そうした結婚の手続きの一つ一つが考慮されるときには、結婚は何
よりも相応しいものとなる。我々の内に悪を見いだそうとする論敵たちは、これほど重要な問題に

関して我々がいかに形式なしに、そして、特に決まりもなく行なうのを見て、それ見たことかと、あらゆる人道とキリスト教的秩序を乱す者として我々をさらに告発する理由を発見して、嬉しさを感じることだろうと思う。しかしながら、神はこの結婚という事柄において神の助言と智恵を我々に託されなかったわけではないし、ましてや神の民である我々に反対する正当な理由を誰かしらに与えることなど意図されているわけではない。それゆえに、こうした重要な事柄において、我々は真理に相反することを何も行なうつもりはなく、むしろ真理のためになることすべてを行なうつもりであることから、主なる神のために様々な証をなすのである。

「i. 不信仰者との結婚に反対する我々の証」

第一に、我々は真理の内に歩まず、真理に従わない人々とは結婚することはできない。というのは、彼らは、別の見解や交わりに属する者であり、もしくは真理を装いながらも、真理に相応しく、真理に一致する形で歩むことなどないからである。

「ii. 司教による結婚に反対する」

第二に、我々は、[結婚するにあたって] お金のために司教の職に就く者たちのところに赴くことはできない。というのは、そうすることで、彼らの誤りに満ち、暴力によって手に入れた権威を維持することになってしまうからである。これらの司教たちは、結婚に関する神の法の何らかの掟や指示に従うことなく、人々を結婚させるのである。

「iii. 禁じられた血族間で行なわれる結婚に反対する」

最後に、我々は、血の繋がりの程度の点や、また、それ自体不法であるどういう類の結婚をも、もしくは我々の道に不名誉をもたらすどういう類の結婚をも我々のなかで許可するつもりはない。

「第一の証 (i) に関して：不信仰者との結婚に対する反対」

はじめの二つの証については、信仰の対象たる教え自体の内容に関わることであるから、私はそれぞれの立場に関して論じるつもりはない。それらの教えはそれ自体として受入れられ、評価されることを考えても（この点については、我々は十分な論拠を示すことができるし、実際に他の箇所で我々の別の教えとの関連で示したことがある）、我々が憂慮すべきなのは、それ以外の仕方で結婚を執り行う者が我々に不名誉をもたらすということである。しかし、不信仰者との結婚を執り行おうとする者たちが認められることがないように、我々の心の内なる神の証に加えて（この心の内なる証は、すべての事柄における我々の信仰の根本の基盤である）、コリントの信徒への手紙二第

六章第十四節における使徒パウロの言葉を取り上げたい。「あなたがたは、信仰のない人々と一緒に不釣り合いな軛につながれてはなりません」（新共同訳　2 コリ 6:14）。たとえば、この聖書の箇所から、別の視点からは真面目であろうとも、すべての点で我々と一致しない者であれば、どういった場合であろうともそうした人々の結婚は不法であると主張するのは難しいと考える者がいたとしても、私の見解は次の通りであると言おう。つまり、私にとってもそのように思えるし、また、慈愛に恵まれたより多くの人々にとってもそう思われることであろう、そして、我々は神の霊の働きに与る者であると。そうした結婚が合法的であろうとなかろうと、そうした結婚は適切ではないし、また役に立つこともないだろう。それは、（単に危険な結果を伴うものとして）、キリストの教会にとってはまったく有害なものとなると言っても過言ではない。したがって、真の愛ある心の持ち主であれば、教会の全体の善と益よりも個人の愛を優先するということはないのである。

「(ii) の証に関して：司教の不法行為に対する反対」

　第二の証に関して言えば、我々は、司教たちが自認する結婚を執り行う権威や権能を彼らに対して認めないのであるから、そうした権威や権能を彼らに譲り渡すこともできないものであり、また、我々が結婚を執り行う際にそうした権威や権能をことさら主張するようなものでもない。こうした証は、（私の知る限り）、そうした権威や権能を示す何らかの聖書の箇所や例を示すことができなかった人々の不法な行為に対して反対する我々の言葉の一部である。この問題においては、誰も善悪の判断（conscience）はできないのであるから（司教たち自身が告白するように、善悪は結婚の本質に何の関係もないからである）、もし我々の仲間と偽る者が、恐れや利害や真理に対する偏った考えからそうした考えに至り、そうした考えに従うとすれば、我々は真理やその証の言葉を気にかけることもないそうした卑屈で見下げた根性を否定するのは当然ではないだろうか。

「(iii) の証に関して：禁じられた血族間での結婚や婚約に対する反対」

　最後に、万が一我々と共に歩み、我々と同じ名の下に道を歩む者が、神の法によって禁じられた血族同士で、もしくはかつて何らかの繋がりや従属関係にあった者同士で軽率にも付き合ったり、また、全く不釣り合いの者同士で付き合うことで風紀を乱し、論敵からの非難の原因となるとすれば、我々がそれぞれの当事者の一番のなじみのある教会や集会に彼らの意図を知らせる役割を果たす者を指名することで、こうした悪を防ごうとすることに一体誰が文句を言うというのだろうか。もし結婚の障害となる原因を知る者がいるならば、その原因は指摘されることとなり、もし彼らが

譲歩可能ならば、その結婚を止めさせることによって、または、彼らが譲歩するつもりがなければ、結婚の証人となるのを拒否したり、結婚に同意しないことで、苦痛の種がときを得て取り除かれることとなる。というのは、我々は忠告もしくは積極的に関わらないこと以外の仕方で結婚を止めさせようとも思わないからであり、ましてやそのように我々の考えに反して結ばれ、その結果、結婚自体が無駄になるとか、後に離婚するであろうとは考えないからである。否。我々が結婚に関わろうとするのは、すべて真理への聖なる配慮のためである。もし物事の進展が正しいものならば、我々のすべての行為は証となるであろうし、もしそうでなければ、そうした結婚を理由に我々に非難の言葉を向ける人々に対する弁明として、「我々は違ったふうに忠告をしたし、それには同意しなかった」と言うこともできるだろう。その結果、その責任は結婚の当事者自身が負うこととなり、また、神の真理と民とに対する重荷は解かれることになる。

「真理の善なる秩序を担うことができないのは、どういう類の人間か」

　この結婚における我々の考え方は、真理やキリスト教に全く一致するのであるから、だらしなく不寛容な欲望からキリスト者としての真剣な精査を妨げられ、忠告に素直に従った穏健な行動ができない者、もしくは常に我々のなかに悪を見つけ出そうと見張り、我々がそのように秩序だった手続きをするのを見て非常に残念がり、我々に対してさらに文句を言うことができるようにと、我々がだらしなく嫌悪される仕方で行動することをむしろ望む者を除いて、誰も我々の非難することはないだろう。しかしながら、結婚における我々の堅固たる真の論拠は、すべての誠実なる人々の心に訴えかけるに十分なものである。さらに、我々の心に働きかける神の霊の証によって、我々はある者の愚行、また、別の者の悪意から力強く守られるのである。

「4.違反者の信仰を回復させることと、彼らとの関係を断つこと」

　第四に、義へと至った男女をその状態に保つことは何にもまして重要なことであり、また、人間の魂の恐るべき悪は常々いかにして元の状態に舞い戻ろうかと探りを入れ、そうした人間の罠からある程度逃れ、解放された人々を取り戻そうとすることは何よりも明らかであるから、そうした点から鑑みても、我々は、誰かしらがそうした誘惑によって堕落しかけていないかを知ることができるようにと、また、もし可能ならば、彼らを元の信仰に回復しようと考えて、〔もし不可能ならば、彼らとの関係を絶つために〕、共に集うのである。もし我々がそうせずにいるならば、悪を犯すことを合法的なものと考え、咎めずにおく連中として正当にも非難されて当然であろう。こうしたあ

り方はあの悪名高い自由思想主義者たち（libertinism）の陥った罪である。我々のことを間違って自由思想主義者と告発する者も存在するが、しかし、こうした自由思想主義者こそが、我々が神の民として何よりも避けたいと考える人々である。したがって、我々は常に違反者それぞれの性質、そして、それらの性質に伴う不正な事柄に応じた形で、私的な事柄は私的な仕方で、また、公的な事柄については公的な仕方で、信仰深くこれらの者を非難し、取り除くことによって我々の集まりを純粋な状態に保とうとしてきたのである。我々は、人々の教化に役立たないことをわざわざ言って感情を害したり、人々の心を傷付けたりすることを望むわけでもなく、ましてや人々の罪と率直に向かい合わないために、あらゆる悪を覆い隠し、それらの悪を取り繕い、すべての人々に周知の事実となった不正な事柄を彼らの責に帰したいわけでもない。また、ガトに告げ、アシュケロンの街々にこれを知らせ、割礼なき者の娘らが喜ばせることを［訳注：2 サム 1.20］、そして、聖徒たちの真の悔い改めから学ぶのではなく、彼らの欠点に満足感を覚えるような無神論者やランターズの心をますます頑なにさせることを、我々のなすべき義務と考えるわけでもない。したがって、主に真に悔い改めた人々を見出したからといって、主もお忘れになったような事柄をわざわざ思い出させるつもりもないし、弱き者たちの信仰を躓かせようとして、彼らの道に攻撃を加えようというのでもない。

　それゆえに、私は次のように結論づける。つまり、こうした事柄に配慮することは、教会の秩序と統制にとって一番必要なことであり、また、その営みの一部分を構成するのであると。この秩序と統制なしには、キリストの教会は存在せず、また、存在しえないのである。このことについては、上で言及した様々な聖書の箇所から明らかであろう。

第六部　霊的、純粋に良心に関わる問題において、どういう場合、どういった程度まで教会の統制は拡大されるべきか ［訳注：項目 III-前半部 b （11頁参照）］

　私はこれまで、外的な事柄に関する限りでの教会の秩序と統制について、そして、それ自体が悪である事柄、誰も進んで正当化できない事柄を咎め、取り除く教会の権威について考察してきた。これらのものは、ほとんど誰も承認することがないほどに不要なものであるから、こうした物事に関する配慮と秩序は推奨されるべきもので、当を得たものである。

次に私は、もう一つの事柄について考察していきたい。すなわち、まさしく良心の問題であり、良心の問題と考えられる事柄、もしくは少なくともそうした物事を行使したり、禁じたりする際、人々が良心に関わると感じるような事柄である。この点においてまず問題となるのは、そうした場合においては、教会はどの程度まで実際的に秩序や規制を実施することができるのかということ、また、どの程度まで教会の権威はおよび、どの程度にまで教会の権威は拘束力を持ち、従われるべきであるのかということである。この問題点について詳細を明らかにし、調べ上げるため、以下の四つの論点について考察することが適切であろう。

論点Ⅰ：第一に、良心の問題に関わるどういった事柄においても、キリストの教会は積極的な宣言や決定を下し、それを信仰者に対して義務として課すことを可能とする権能を持つのかどうか。

論点Ⅱ：第二に、もしそうであるならば、どういう場合において、また、どういう点で教会はそうすることが可能であるのか。

論点Ⅲ：第三に、相互を裁き合うことなく、真の教会の人々によって多様な形で行使される良心、その自由と権利はどういった点に根拠を持つのか。

論点Ⅳ：最後に、良心の問題に関して論争や争いが生じた際、その決定権は誰にあるのか。この問題は、特にこの良心の問題において、我々や教皇主義者やその他の人々の間にある果てしない相違を子細に検討することに導くものである。

「**論点Ⅰについて**」

第一の論点に関して。すなわち、良心の問題に関わるどういった事柄においても、キリストの教会は積極的な宣言や決定を下し、それを信仰者に対して義務として課すことを可能とする権能を持つのかどうかについて。

「回答：信仰箇条は良心の問題に関わる」

私は、教会はそのような権威を持つとはっきり答える。この点について、聖書や理性それぞれの、数多くの例から証明したいと思う。まず、教理学的に提示されたすべての信仰原理や信仰箇条は、それを信じる人々にとっては良心の問題に関わるものである。ご存じのように、（特に熱心な）教皇主義者は、良心から礼拝行為を崇めたて、天使、聖徒、聖像に対して祈り、それどころかそれを

真のキリスト・イエスであるとまで考えて、聖餐に対して祈りさえする。その結果、彼らは全く誤った事柄に良心を位置づける。

「1.　正しい理性の働きからの証明」

　我々がある特定の原理や教理に対する信仰へと共に導かれたのは、何らかの強制力によってでもなく、また、何らかの世俗的な観点からでもなく、ただ単に我々の知性に働きかけた真理の力強さと、我々の心に働きかけた真理の持つ影響力による。これらの原理や教理、そして、それに必然的に伴う実践は、いわば我々を共につなぎとめる関係（Terms）であり、一つの身体、一つの交わりへと我々を集め、他の人々を区別される特徴を付与する絆（Bond）[3]である。

　ところで、もし我々と交わりを持つ者の誰かが、共に集う基盤となるこれらの教えに反する他の原理や教理を教え始めるとして、そうした場合には、身体としての教会は次のように宣言する権能を持つのは、誰も否定しないだろう。つまり、「これは、我々の告白する真理とは違う。したがって、我々は、一致に至り得ないそうした教えは誤りであり、ましてやそれらの教理を掲げる人々と霊的な交わりに入ることなどさらに一層不可能であると断言する。そうしたことから、彼らはまさしく一つの身体へと繋ぐこの絆を解くことで、自ら自身で教会の一員を辞すことになるのである」と。こうした告白は、決して暴政とも抑圧ともみなされるようなものではなく、市民社会（Civil Society）において、もしある者が社会の成立基盤である何らかの契約に反する行動をした場合、〔その反社会的行為が、その元々の性質から考えて、一般的に見られるような権利剥奪を意味するならば〕、そうした違反を犯した者は犯罪者であり、社会のなかで権利を失ったと宣言したとしても、それが社会全体にとっての罪、不正と見なされることがないのと同じである。こうしたことが宗教的問題ではなおさら当てはまるのは、疑いのないことである。

---

[3] しかし、この絆は通常の絆ではなく、より内的で不可視の絆、つまり、義なる生命の絆である。この絆によって我々は、すべての人々の内に存在する義なる種子と、それどころか、それほど光によって照らされていない人々の内にも存在する義なる種子と一つになることができるのである。ところで、光によって照らされた人々にとっては、この絆は外的な絆でもある。したがって、もし彼らが光の働きに服従せず、汚されるときには、この絆は内的な絆として働くのみならず、外的な絆としての働きをも果すことになる。

「交わりの根拠たる教えを信じない者は、そうすることで自分から離れ去り、ちりぢりになる」

　もし身体としての教会がある特定の原理を信じることで一つへとまとめられるものならば、別の原理を信じるようになった者は、自分自身からその場を去ることになる。その人を交わりへと導いた要因自体が存在しなくなるのだから、当然と言えば当然である。したがって、信仰を守り続ける人々も、そうした離脱を言い渡し、離脱した者を自らそうした者と見なし、（もし必要ならば）他の者たちにそのように証の言葉を述べるとしても、別に彼らに危害を加えることはないのである。私は、我々の経験から次のような一般的な仮説を立ててみようと思うが、それをすべての人々にそれぞれの経験において照らし合わせて、良心と理性のある公正な読者にそれが妥当な命題かどうか判断してもらいたいと思う。たとえば、真実で確かな福音の教えに対する信仰へと真に導き集められた人々を想定してみよう。この人々の内の誰かがその集まりの基盤となる何らかの真理に反する行為をしたとして、残りの者は、彼らを集まりから追放する確かで十分な権能を持つのかどうか、そしてまた、「こうした行為は、我々が告白し、我々が信奉する真理に反する。それゆえに、それは排除され、受け入れられるべきではない。ましてやそうした行為を支持する者は、我々の一員として認められるべきではない」と明言する権能を持つのかどうかについて考えて見てもらいたい。あらゆる教会員は、みな同じように自ら自身に関して正しい事柄を堅持し、間違った事柄を取り除くように気遣うのであるから、違反者を追放することはすべての教会員にとっての義務とならないだろうか。理性的な判断をする者であれば、いったい誰がこの命題を否定するだろうか。次に、こうした主張に関して聖書のそれぞれの箇所から明らかにしていきたい。

「2．聖書箇所からの証明」

　ガラテヤの信徒への手紙第一章第八から九節：「しかし、たとえわたしたち自身であれ、天使であれ、わたしたちがあなたがたに告げ知らせたものに反する福音を告げ知らせようとするならば、呪われるがよい。わたしたちが前にも言っておいたように、今また、わたしは繰り返して言います。あなたがたが受けたものに反する福音を告げ知らせる者がいれば、呪われるがよい」（新共同訳　ガラ1:8-9）。

　テモテへの手紙一第一章第十九から二十節：「信仰と正しい良心とを持って。ある人々は正しい良心を捨て、その信仰は挫折してしまいました。その中には、ヒメナイとアレクサンドロがいま

す。わたしは、神を冒涜してはならないことを学ばせるために、彼らをサタンに引き渡しました」（新共同訳　1テモ1:19-20）。

ヨハネの手紙二第一章第十節：「この教えを携えずにあなたがたのところに来る者は、家に入れてはなりません。挨拶してもなりません」（新共同訳　2ヨハ1:10）。

これらの聖書箇所はそれ自体、教会の権能に関して非常に明白な主張を展開しているため、特に偏見に汚されてない読者に対して詳細な解説を行う必要はないものと考える。これらの聖書箇所は真実の教会においてすでに受容された教理や福音に反して行動する者たちが生じる可能性を予見しているが、では、古代からの真実な真理を保持する人々の場は何処にあると述べているだろうか。信仰者は、これらの違反者を彼らの兄弟と見なす必要があるのだろうか。また、彼らは、これらの違反者を仲間の一員として愛するべきであるのか、それとも彼らを裁き、咎め、そして、否と言うべきであるのか。使徒ならばそれらの人々のことを告発したであろうが、だからといって、我々は使徒には慈愛が欠けていたと考えるべきではない。

「ヒメナイとアレクサンドロの例」

使徒は確かに真の信仰から離れてしまったヒメナイとアレクサンドロをサタンに引き渡したが、その目的は神を冒涜してはならないことを彼らに学ばせるためであった。言い換えれば、（論敵たちもこの点に関しては認めるように）、もし我々には真理を信奉するようになった人々の信仰を、彼らがその真理へと導かれ、もたらされたのと同じ手段によって保持し、維持する義務があるのだとすれば、彼らが過ちに陥ったときには、彼らに対して率直に接し、彼らに忠告し、そして、健全な教えをもって反論する者たちに対して熱心に説き勧め、彼らを納得させることもまた、我々の義務となるであろう。

「過ちにあることを大事にする偽りの慈愛と愛」

もし古代のキリストの使徒たちや永遠の福音の説教者たちが、いかにそれぞれの人々がその信仰と教えにおいて過ちに陥っていようとも、彼らに対して「我々は慈愛と愛に満ちており、あなた方を裁いたり、あなた方との関係を絶つつもりは毛頭ない。それどころか、我々はすべて愛の内に生き、思い思いにそれぞれの考えを抱き、そしてすべての人々が幸福に生きようではないか」と語っ

たのだとすれば、人々は一体どのようになっていたことだろうか。また、一体どのようにして彼らは、現在、真理と正義へと導かれることになっただろうか。咎めや批判を受けることなく、この世において暗闇や無知、過ちや混乱を継続させることが可能なこのような教えこそが、悪魔が喜ぶものではないか。もしキリストの使徒たちが、かつてユダヤ人の高位聖職者や学者たちに対して「彼らは頑固で強情であり、常に聖霊の働きに反抗する」と躊躇うことなく語り、しかも不当や要求や抑圧なしに、愛や慈愛をもって、彼らに咎めの言葉を向ける必要性があったとして、また、今日主が選ばれた宣教者たちもお金のために働く聖職者を非難し、彼らに対して反対の声を上げ、世の信仰者や冒涜者に対してはっきりと「彼らは暗闇と無知の世界に陥っており、真理から離れてしまっている。彼らはイスラエルの国を知らない者である」と語る必要性があるならば、もし神がこれらの手段を用いて人々を一つの同じ真理を信じるように導いて来られたのだとすれば、人々がそうした信仰に背き、そこから離れ去るときには、彼らは栄光ある主を再び十字架にかけ、主に不名誉をもたらすことになるのだから、（いまだそうした真理に至っていない人々にもまして）、訓戒や咎めや非難を受けるべきではないのか。使徒は、違反者に対するそうした扱いを非常に重要なことと考えていたようである。テトスへの手紙第一章第十から十一節：「実は、不従順な者、無益な話をする者、人を惑わす者が多いのです。特に割礼を受けている人たちの中に、そういう者がいます。その者たちを沈黙させねばなりません」（新共同訳　テト 1:10-11）。

「あらゆる忌まわしきものが入り込んでくる入口」

　万が一、キリストの教会では誰も関係を絶たれるべきではないとか、信仰についてのそれぞれの意見や考えを理由に非難されるべきでも身体の交わりと一致から排除されるべきでもないという教えが受け入れられ、信じられるとするならば、そのときにはどれほど恐ろしい冒涜が、どれほど忌まわしい異端が、そして、どういった悪魔の教えが、キリストの教会に隠れ潜むことになるだろうか。もしどういった教えも不健全ではないのだとすれば、一体どうして健全な教えが必要とされるだろうか。もし反抗することが罪でないならば、一体どうして反抗者たちを信仰へと確信させ、奨励することが必要となるだろうか。一体何処に信仰の一致があるというのだろうか。これは、あらゆる忌まわしき事柄が入り込んでくる入口であり、キリストと使徒たちの教えの全体的意図を無意味にすることではないのか。そしてまた、それはすべての福音を効果のないものとし、好きなように福音を変革、変更、転覆しようとする人間の不安定で軽率な意志を自由にさせることではないの

か。したがって、我々は、上述の事柄から自信をもって次のように結論づけよう。すなわち、人々がキリストの原理と教理と福音を信じるように共に導かれるとして、もし誰かがそれらの教えから離れ、それらの事柄を誤りに満ち、すでに受け入れたものと相反する方向へと変更しようとするときには、信仰に留まり、確固たる信仰を持ち続ける人々には、〔彼らが、キリスト者としてそうした離反者を信仰へと確信させ、更正させる努力を行った後のことであるが〕、聖霊の働きを通して、そうした人々の頑迷さを理由に彼らとの関係を絶ち、彼らを霊的な交わりと一致から排除する権能が与えられるのであると。というのは、もしこの権能が否定されるとすれば、すべてのキリスト教に対して別れを告げ、そして、キリストの教会において健全な教理を維持しようとする努力を放棄しなければならなくなるだろうからである。

「論点Ⅱについて」〔訳注：50頁〕

　第二に、キリストの教会や信仰者の集まりが、それぞれの成員に対して不当な要求を課すことなく、良心に関わる事柄において積極的な宣言や決定を下すことが可能であると認めるとすれば、次にどういう場合において、またどの程度まで教会はそのような権能を行使することが可能かということが問われることになる。

「回答」

　私は次のように答える。第一に最も明白で、何よりも否定しようがないことであるが、すでに上で告白され明らかにされたように、信仰の根本的な原理や教理に関して、別の仕方で教えを説こうとする者が存在する場合には、教会はその権能を行使することができるだろう。もしすでに受け入れられ、信奉された真理の教えに相反し、別の仕方で教える者が存在するとすれば、そうした者を追放し、排除することは適切な行為であると承認する人がおそらくいるだろうが、では、それほど重要ではない事柄、もしくは外的な儀式や振る舞いといった些末な事柄に関して統一性を主張することが適切なことかどうか、汝はこの点についてどのように考えるだろうか。この問題を考察する上で、まず次の三点について考えてみよう。

考察点1：第一に、問題となる事柄自体の性質について

考察点2：第二に、それらの事柄が生じるもとである霊と根拠について

考察点3：第三に、それらの事柄から生じる結果と方向性について

ところで、これらの点について考察する前に、まず私は次のように真実を提示したい。つまり、教会や神の民の集会は根本的で重要な事柄に関して聖霊の働きを通して決定を下す権能を持つことができ、また、実際持つのである（そうした権能なしには、どういった問題にせよ、何の決定も命令も下すことはできない）。

「あまり重要性がない教会の義務に関して決定を下すこと」

　したがって、教会や神の民の集会は、あまり重要でない他の事柄に関しても同じく、聖霊の働きによって、それ以外の仕方ではなく促され、導かれ、助けを受けることを通して、自ら自身で（しかし、時間や場所、その他に生じる事柄に応じて必要で適切な形で）積極的な決定を下す権能を持つことができ、また、実際に持つのである。こうした決定は、目を覚まさず、生命を受け取る感性を持たず、生命との一致から離れてしまった人々の目には否定されるべきものと映るとしても、聖霊の働きを受け取る感覚、感性、知性を持つすべての人にとっては、何の問題もなく義務と見なされるものである。この権能は、現在、聖徒に期待され、聖徒に与えられる事柄である直接の啓示に与り、聖霊の働きによって内的に導かれた人であれば、自らの教えに反することなしに否定することができないものであろう。ましてやこの問題の議論の対象となる人々にとっては、なおさら否定できないことであろう。彼らはこうした特権を特定の個々の人物に限定し、次のように主張するからである。「たとえ兄弟たちの考えや感覚に反しようとも、そうした事柄に促され、導かれたならば、そのことを理由に咎めを受ける必要などない」。また、次のようにも言う。「神がそうするように導かれたのだから、一体どうしてそうであってはいけないのか」。ところで、こうした主張が教会の権能を特定のあれこれの人物について想定する十分な根拠があるというのであれば、私は何の問題もなく身体としての教会全体についても権能を想定することができるだろう。したがって、第一の考察点に関しては、次のような議論内容になる。

「考察点1について：真理を傷つけることに対する反証」

　問題となる事柄自体の性質について。もし問題となる事柄が〔しても良いこと、してはならないこと、また、実践に関するものであろうとも、自制に関するものであろうとも〕、すでに告白され、信奉された真理をまさに傷つけたり、そうした真理に対する罪の原因をもたらすものであり、そうした事柄によって教会のなかに目に見えた形で分裂や不和が生じ、その結果、真理の敵対者たちを

満足させ、真理自体が軽んじられてしまうのであれば、そのときには、すべての事柄を適切な状態にするように配慮すべき人々は、そうした問題を調査し、神に対する畏れの内に共に集い、神の言葉を待ち望み、そして、神ご自身が人々の内に、人々の間で明らかにされるに応じて、神の御心を進んで言い表すべきであろう。これが割礼の問題に関して原始教会が採用した方針であった。その問題に関しては、次のように論じられた。ある者は異邦人に対して割礼を施す必要はないと考え、一方で、他の者たちは割礼をなしで済ますことなど不可能であると考えていたが、彼ら［後者］のなかには（我々が注意すべきであるのは、これらの人々は反抗的なユダヤ人であったわけではなく、すでにキリストへの信仰に入った人々であった点である）、依然として割礼を義務であると捉え、良心から割礼を受けた者も存在したことは確かである。彼らは、「「モーセの慣習に従って割礼を受けなければ、あなたがたは救われない」と兄弟たちに教えていた」のである（新共同訳　使 15:1）。

「アンティオキア教会は、長老たちの意見を求めるために、この問題の是非をエルサレムに問うた」

　では、こうした問題に対して、アンティオキアの教会が取った方針はどのようなものだっただろうか。使徒言行録第十五章第二節：「それで、パウロやバルナバとその人たちとの間に、激しい意見の対立と論争が生じた。この件について使徒や長老たちと協議するために、パウロとバルナバ、そのほか数名の者がエルサレムへ上ることに決まった」（新共同訳　使 15:2）。だからといって、我々は、アンティオキア教会にはこうした問題を解決するに十分な聖霊の働きが欠けていたと考えるべきではないし、ましてやこうした過程において使徒たちが内的な導きを怠り、内的な導きから離れてしまったとも考えるべきではない。そうではなく、彼らは、この問題に関してすべての教会員が一致した考えに至るように、エルサレムにある使徒たちや長老たちからの忠告の言葉や、彼らとの意見の摺り合せをすることが適切であると判断したのであった。なぜならば、聖霊の働きにおいて純粋に一つとなること以上に、すなわち、信仰と礼拝に関する考えや実践において見解が一致し、調和が取れること以上に、キリストの教会にとって重要とされる特質はないからである（そうした一致は、さまざまな程度、進展、そして、動向に関して改善を促すのであるが、しかし、決して相反することも、矛盾することもない一致である。こうした実際上の多様性においてこそ、やはり同じ聖霊の働きを通して、真の自由が達成されることになるのである。この点については、後ほど明らかにしたいと思う）。そうしたことから、キリストは「あなたがわたしの内におられ、わた

57

しがあなたの内にいるように、すべての人を一つにしてください」と祈られたのである（新共同訳　使17:21）。同じく、次の聖書箇所について詳しく見てみよう。

ローマの信徒への手紙第十二章第十六節：「互いに思いを一つにし」（新共同訳　ロマ12:16）。

コリントの信徒への手紙一第一章第十節：「さて、兄弟たち、わたしたちの主イエス・キリストの名によってあなたがたに勧告します。皆、勝手なことを言わず、仲たがいせず、心を一つにし思いを一つにして、固く結び合いなさい」（新共同訳　1コリ1:10）。

エフェソの信徒への手紙第五章第二十一節：「キリストに対する畏れをもって、互いに仕え合いなさい」（新共同訳　エフェ5:21）。

フィリピの信徒への手紙第二章第二節：「同じ思いとなり、同じ愛を抱き、心を合わせ、思いを一つにして、わたしの喜びを満たしてください」（新共同訳　フィリ2:2）。

さらに注目すべき箇所は、使徒パウロがフィリピの信徒たちへ宛てた手紙、その第三章第十五から十七節である。

フィリピの信徒への手紙第三章第十五節：「だから、わたしたちの中で完全な者はだれでも、このように考えるべきです。しかし、あなたがたに何か別の考えがあるなら、神はそのことをも明らかにしてくださいます」（新共同訳　フィリ3:15）。

フィリピの信徒への手紙第三章第十六節：「いずれにせよ、わたしたちは到達したところに基づいて進むべきです」（新共同訳　フィリ3:16）。

フィリピの信徒への手紙第三章第十七節：「兄弟たち、皆一緒にわたしに倣う者となりなさい。また、あなたがたと同じように、わたしたちを模範として歩んでいる人々に目を向けなさい」

（新共同訳　フィリ3:17）。

「偽りの者や福音を変更する者たちは、神の御力によって裁かれる」

したがって、使徒は信徒たちがいまだ至り得ていない事柄に関しては忍耐、寛容を当然のこととするのだが、しかし、彼は最終的に次のように語っている。「彼らは、キリストを模範として歩まねばならない。決してキリストの教えに反したり、その他の仕方で歩むことのないようにしなければならない」と。したがって、我々は次のように結論づけよう。良心や神からの啓示を旨とする神の教会において、原理にしろ、実践にしろ、もしすでに真理として受け入れられ、神の霊の働きによって聖徒たちの心において確証された事柄に相反する物事を教え、実践する者が存在するならば（たとえそれ自体、ちょっとしたことで些細なことであったとしても）、そうしたことが真理を損なう性質を持ち、それ自体教化の役にも立たず、弱き者たちを躓かせる原因となるのであれば、そのときには、真なる正しい洞察力を授かった人々が、神の御力において、そして、神の御力によって〔その御力が、彼らに対して権威を授けるのである〕そうした事柄を非難し、裁定を下すことに何の問題もないだろう。そして、彼らがそうした裁定を下す際には、そうした決定は、真の感覚を持つすべての教会員にとっては義務的なものとなる。なぜならば、真の感覚を持つ教会員であれば、そうした決定を正しいものと見なし、当然のこととして決定に従うからである。事柄それ自体の性質に関しては、以上の通りである。

「考察点2について：神の霊の働きから生じたものではなく、阻止され、否定されるべきものとは何か」

第二に、それらの事柄が生じるもととなる霊の働きと根拠について。教理にしろ、実践にしろ、どういった目新しさ、区別立て、様々な外観であろうとも、それが神の霊の純粋なる導きから、もしくは良心の純粋な配慮から生じたものではなく、単に傲慢で、自らの特権性を気取り、その結果として遵守され、奨励され、賞賛されるようなものから生じたのならば、また、何らかの人間的なものや生まれながらの気質の内なる悪性から、何の理由もなしに不和を生み出し、知らず知らずの内に分裂や悪意や争いを引き起こし、その結果、兄弟たちの調和や真なる愛を削ぎ、引き裂くようなものから生じたものであるならば、そのときには、私は次のように言おう。こうした精神や根から生じたものはすべて、それ自体いかに些細なことと考えられようとも、真の教会の平和を乱し、

真理の広がりを妨げるものなのだから、抑制され、阻止され、否定されるべきであると。

「疑問」

　では、一体どのようにして事柄がそうした根から生じたものであると分かるのかと問われるとすれば、どうだろうか。

「回答」

　私は次のように答える。私はこの時点では特定の人物とか事柄に対して何の適用も行っていない。しかしながら、真の教会のなかにでさえ、良心や配慮を主張しながらも、そうした心によって悪しき事柄を行う者が生まれる可能性があるということを認めるとすれば、次の点について承認しなければならないことになる。

「教会においては、聖霊の洞察の働きが罪ある者を裁く」

　つまり、神から神の聖霊の働きを通して真の洞察力を授かった人々は、そうした悪しき営みに関して、そしてまた、そうした営みの根であり、人々との不和をもたらす原因たる精神に関して裁定を下すことが可能であり、また、そうすべきであると。もしこのことが一般的に受け入れられるときには、次の点が正しいものと分かることだろう。すなわち、些細な事柄に関して良心を主張する者が存在するとして、しかし、もしそうした主張が特異性やねたみや競争心といった精神から生じたものであるならば、主の働きによって洞察力を授かった人々については、良心に対する過大な要求とか、良心に対する抑圧と見なされることも、もしくはキリストの御心に反する一致の強要とも見なされることなく、そうした違反者に対して裁定を下すことが可能であり、そうすることが義務であると。使徒は、こうした不当な要求や抑圧や強要に対して古代の教会を守ろうとしてきたのである。

　フィリピの信徒への手紙第二章第三、四節：「何事も利己心や虚栄心からするのではなく、へりくだって、互いに相手を自分よりも優れた者と考え、めいめい自分のことだけでなく、他人のことにも注意を払いなさい」（新共同訳　フィリ 2:3-4）。

　もし争いの気持ちから何事かをなすことを悪とするならば、そうした感情から行われる事柄は避

けられるべきであり、もしくは捨て去られるべきではないだろうか。

「偽りの者が生じる可能性が存在する限り、彼らに対して注意深く対処せねばならない」

　したがって、キリストの教会にはそういった精神からこれらの事柄を行う者は誰も存在することはないし、これからもあり得ないと主張される場合を除いて、この点に関する我々の見解は全く否定され得ないものであり、間違いと評価することも不可能であると確信する。そうした言い訳は、マタイによる福音書第二十四章第二十四節、使徒言行録第十五章第五十四節［訳注：おそらく使徒言行録第十五章第二十四節］、テモテへの手紙一第四から五章、テモテへの手紙二第三章第八節、マルコによる福音書第十三章第二十一から二十二節、ペトロの手紙二第二章第十九節を見れば分かるとおり、聖書にはっきりと書かれた預言の言葉やあらゆる時代に教会の経験に矛盾するため、誰もそうした主張を展開することはないだろう。

「悪に対する洞察力を持つ者は、咎めや警告の言葉を発する」

　もしくは、次のように主張されることのない限りそうである。すなわち、信仰に忠実にとどまり、そうした悪に対する洞察力を備えた人々は沈黙を守るべきであり、決してそうした人々を咎めたり、彼らに反抗してはならない。ましてや彼らに警告を与えたり、また、彼らから他の人々を守ろうとしてもいけない。彼らに対して注意を促すことなく、そうしたすべての事柄を自由にさせることこそが、キリストの教会において推奨されるべき調和性であると。そんなことを言う者は誰もいないだろう。もしそういう主張を展開するほどに愚か者がいれば、次の聖書箇所について考えてもらいたいものである。つまり、ガラテヤの信徒への手紙第二章第四節、テモテへの手紙一第一章第二十節、テモテへの手紙二第二章第二十四から二十五節、テトスへの手紙第一章第九から十一節。

　たとえこうした聖書の箇所の言葉が当てはまらなくとも、そうした悪が神の民の間に入り込み、もしくはそうなる可能性が存在し、そして、人々に対する配慮の責を追う者が彼らに咎めの言葉を述べることが可能であり、そうすべきであるならば、そのときはそうすることは当然のこととして不当な要求でも、強制でも、抑圧でもないのである。

「考察点3について：兄弟たちの間に不和の種を蒔く者は、避けられるべきである」

　第三に、これらの事柄から生じる結果とその傾向については、先の二つの議論と大部分が重複する。というのは、教会の教化に役立たない一方で、教会の調和を乱し、兄弟たちの間に不和を引き

起こす性質を持つものは、ローマの信徒への手紙第十六章第十七節の使徒の言葉によれば、すべて避けられるべきだからである。「兄弟たち、あなたがたに勧めます。あなたがたの学んだ教えに反して、不和やつまずきをもたらす人々を警戒しなさい。彼らから遠ざかりなさい」（新共同訳　ローマ 16:17）。

「我々の間にある平和に付き従う」

　何よりも神の民の印となるものは、彼らの間に平和が存在することである。したがって、愛と平和の絆を壊す性質のものは、すべて反対されるべきである。注意してもらいたいのは、私は常に真のキリストの教会について語っているのであり、一方で、別の心を持つ人々について語っているのである。別の心とは、つまり、偽りの教会はこうした権能を認めないとはせず、真の教会に対してはそうした事柄を否定し、教会員のみならず教会全体もそうした権威を行使するのを不適切であると判断するような人々について扱っているのである。というのは、キリストは平和の王であって、自らの弟子たちに対して何よりも愛と一致を奨励されるのだが、彼はまた平和ではなく、人間が陥った欲望と罪から切り離すための剣をもたらすために来られたのも知られた事実だからである。

「悪しき者たちの絆を解く」

　そしてまた、正義に従う意志を持つすべての者を招き入れることを通して、悪しき者たちが神と神の真理に反して縛られ、一緒とされた絆と団結を解きほぐし、不義に生きる人々の共謀を打ち壊すこともキリストの弟子と伝道者たちの務めである。そうすることで、正義に従う者たちは、互いに反目しあい、呪いあいながらも集められ、安穏に陥った状態にあった仲間から分離され、分かたれることになる。

「箴言第二十章第二十六節」

　生命の一致に招き入れられるために、主の働きを通してこうして追われた者たちに祝福あれ。この意味で正義のために兄弟たちのなかから引き離され、分離させられた者たちに祝福あれ。そうすることで、彼らは光の内にある兄弟愛と交わりについて知るようになるのだから。その光は誰もそこから離れるべきでもなく、また、誰も引き離されるべきでもないものであって、ますますそこへと導き入れられるべきものである。以上のことから、第三の論点において「霊的で純粋に良心に関わる問題における真の教会の持つ権能 ［訳注：第三に、相互に裁き合うことなく、真の教会の人々によって多様な形で行使される良心、その自由と権利はどういった点に根拠を持つのか。］」という

主題のもとに提示したことに繋がるのである。この第三の論点に関して、次のように反論される可能性があるだろう。

「論点Ⅲについて」[訳注：50頁]

　もし汝が良心の自由と権利に関わる非常に些細な事柄においてもそれほどまでに統一性を主張するとして、その場合、この良心の自由と権利は、真の教会の教会員によって相互に裁き合うことなしに、それぞれ多様な形で行使されることは可能なのだろうか。

「回答」

　私はこの命題に関して、まず次のような一般的な主張を展開しよう。つまり、同じ霊の働きから生じ、同じ教化という目標を目指し、そして、その果実が霊の不和や軋轢をもたらす真の原因とならないものであるならば、その実際の現れが多様なものであろうとも、教会員はお互いに許し合うのみならず、それぞれの事柄において相互に奨励し合うべきである。

　こうした事が可能となる視点に関しては、使徒パウロが主として聖書の二つの箇所で述べた言葉以上に明白なものはないだろう。したがって、まず手初めとしてこれらの二つの聖書の箇所について詳細に検討することがこの問題を考察するに当たって相応しいことであり、この主題に関する最も重要な論点の一つになるだろう。というのは、なされるべき堅忍が適切な状況で行使される一方で、信徒たちの間に忍び込んだ数多くの策略や偽りの主張に関して反証がなされるべきだからである。

「第一の聖書箇所：同じ聖霊の働きから数多くの賜物や務めや働きが授けられるが、それらはどういった不和ももたらすことはない」

　その第一の聖書箇所は、コリントの信徒への手紙一第十二章の第四節から三十一節までである。

　第四節：「賜物にはいろいろありますが、それをお与えになるのは同じ霊です」（新共同訳　1コリ 12:4）。

　第五節：「務めにはいろいろありますが、それをお与えになるのは同じ主です」（新共同訳　1コリ 12:5）。

第六節：「働きにはいろいろありますが、すべての場合にすべてのことをなさるのは同じ神です」 （新共同訳　1 コリ 12:6）。

第七節：「一人一人に"霊"の働きが現れるのは、全体の益となるためです」（新共同訳　1 コリ 12:7）。

第八節：「ある人には"霊"によって知恵の言葉、ある人には同じ"霊"によって知識の言葉が与えられ」る （新共同訳　1 コリ 12:8）。

第九節：「ある人にはその同じ"霊"によって信仰、ある人にはこの唯一の"霊"によって病気をいやす力」が与えられる （新共同訳　1 コリ 12:9）。

第十節：「ある人には奇跡を行う力、ある人には預言する力、ある人には霊を見分ける力、ある人には種々の異言を語る力、ある人には異言を解釈する力が与えられています」（新共同訳　1 コリ 12:10）。

第十一節：「これらすべてのことは、同じ唯一の"霊"の働きであって、"霊"は望むままに、それを一人一人に分け与えてくださるのです」（新共同訳　1 コリ 12:11）。

第十二節：「体は一つでも、多くの部分から成り、体のすべての部分の数は多くても、体は一つであるように、キリストの場合も同様である」（新共同訳　1 コリ 12:12）。

第十三節：「つまり、一つの霊によって、わたしたちは、ユダヤ人であろうとギリシア人であろうと、奴隷であろうと自由な身分の者であろうと、皆一つの体となるために洗礼を受け、皆一つの霊をのませてもらったのです」（新共同訳　1 コリ 12:13）。

第十四節：「体は、一つの部分ではなく、多くの部分から成っています」（新共同訳　1コリ
12:14）。

第十五節：「足が、「わたしは手ではないから、体の一部ではない」と言ったところで、体の一部
でなくなるでしょうか」（新共同訳　1コリ12:15）。

第十六節：「耳が、「わたしは目ではないから、体の一部ではない」と言ったところで、体の一部
でなくなるでしょうか」（新共同訳　1コリ12:16）。

第十七節：「もし体全体が目だったら、どこで聞きますか。もし全体が耳だったら、どこでにお
いをかぎますか」（新共同訳　1コリ12:17）。

第十八節：「そこで神は、御自分の望みのままに、体に一つ一つの部分を置かれたのです」（新共
同訳　1コリ12:18）。

第十九節：「すべてが一つの部分になってしまったら、どこに体というものがあるでしょう」（新
共同訳　1コリ12:19）。

第二十節：「だから、多くの部分があっても、一つの体なのです」（新共同訳　1コリ12:20）。

第二十一節：「目が手に向かって「お前は要らない」とは言えず、また、頭が足に向かって「お
前たちは要らない」とも言えません」（新共同訳　1コリ12:21）。

第二十二節：「それどころか、体の中でほかよりも弱く見える部分が、かえって必要なのです」
（新共同訳　1コリ12:22）。

第二十三節：「わたしたちは、体の中でほかよりも恰好が悪いと思われる部分を覆って、もっと

恰好よくしようとし、見苦しい部分をもっと見栄えよくしようとします」(新共同訳　1 コリ 12:23)。

第二十四節：「見栄えのよい部分には、そうする必要はありません。神は、見劣りのする部分をいっそう引き立たせて、体を組み立てられました」(新共同訳　1 コリ 12:24)。

第二十五節：「それで、体に分裂が起こらず、各部分が互いに配慮し合っています」(新共同訳　1 コリ 12:25)。

第二十六節：「一つの部分が苦しめば、すべての部分が共に苦しみ、一つの部分が尊ばれれば、すべての部分が共に喜ぶのです」(新共同訳　1 コリ 12:26)。

第二十七節：「あなたがたはキリストの体であり、また、一人一人はその部分です」(新共同訳　1 コリ 12:27)。

第二十八節：「神は、教会の中にいろいろな人をお立てになりました。第一に使徒、第二に預言者、第三に教師、次に奇跡を行う者、その次に病気をいやす賜物を持つ者、援助する者、管理する者、異言を語る者などです」(新共同訳　1 コリ 12:28)。

第二十九節：「皆が使徒であろうか。皆が預言者であろうか。皆が教師であろうか。皆が奇跡を行う者であろうか」(新共同訳　1 コリ 12:29)。

第三十節：「皆が病気をいやす賜物を持っているだろうか。皆が異言を語るだろうか。皆がそれを解釈するだろうか」(新共同訳　1 コリ 12:30)。

私はこれらの聖書箇所について長々と説明するつもりはなかったのであるが、しかし、(特に好きではない問題に関して) 注意が散漫し、上で挙げられた聖書の箇所でさえもほとんど真面目に読

み通すこともできない者が存在することを鑑みるならば、そしてまた、これらの聖書箇所の議論の流れが注意力のない読者に示されたことを考えるならば、私の議論を彼らの知性にとってより分かりやすい形で提示したいと思う。

「これらの前提となる言葉の大要」

要するに、使徒がこれらの箇所で示すことは、キリストの身体の数多くの構成員それぞれに授けられた働きの多様性であり、人間の身体のそれぞれの部分は身体全体の維持と保持のためにあるように、それらの働きは一つの同じ目的のために存在するということである。

これらの多様な働きは、相互に滅ぼし合うことを目的として相反するように授けられたのではない。このことについては、三つに分類してこれらの働きを命じた使徒の言葉から明らかである。つまり、第一に、賜物の多様性について。第二に、務めの違いについて。そして、第三に、働きの多種多様さについて。そして、一致を維持する絆として使徒が言及するのは、すなわち、「同じ霊（The Same Spirit）、同じ主（The Same Lord）、同じ神（The Same God）」である。しかし、これらの聖書箇所で、使徒は相反する内容（contrariety）や矛盾する内容（opposition）については何も語ることはない。ここで、あまりに批判的な態度を取り、反対対当（contrarium oppositum）や矛盾対当（contradictorium）といったスコラ的な細かな区別を持ち込む者がないようにしなければならない。

たとえば、見栄えの良い部分が見栄えの良くない部分に対立や相反する働きをしたり、左手が右手と違うことを行ったり、また、足が頭とバラバラな働きをするように、最上位の部分が最下位の部分と対立したり、ある事柄を行うことがその抑止と矛盾したりすることがある。それと同じく、一般的に理解される意味での反対や矛盾といったものが、何の不和も引き起こすことなしに、一つの身体のなかに見いだされることがあるのは、私も否定するつもりはない。

「キリストの身体には、何の対立も存在しない」

しかしながら、正反対の命題や正反対の用語（propositions or termini contradictorii）として知られる事柄、つまり、それ自体両立しがたい相反する主張、人々が依然として過ちに陥り、相互に滅ぼしあい、そして、対立する結果を生み出す原因となっている主張に関しては、それらはキリストの身体のなかでは決して承認されるものでもなく、そこに存在するとも考えられないものである。

「例示Ｉ」

この点について、一つの例を挙げてみよう。コリントの信徒への手紙一第十二章第八節：「ある

人には"霊"によって知恵の言葉、ある人には同じ"霊"によって知識の言葉が与えられ」る（新共同訳 1 コリ 12:8）。この箇所から分かることは、第一に、二つの異なる性質の賜物が存在し、それらは相互に矛盾することがないということである。

「例示Ⅱ」

　第二に、上で言及したような意味での対立が生じる可能性がここでは想定されている。つまり、ある人々は知恵や知識の言葉の賜物を授かっていないかもしれない。したがって、こうした賜物を授かることは、授からないことと対立することになる（この二つの賜物に関して言えば、誰もそうした賜物に全く欠けるとは言われていないが、すべての人々が同じ程度でこれらの特別な賜物を授かるとも言われていない。たとえば、奇跡の賜物や、言葉を解釈する賜物などのように、その他の賜物については、完全に欠けるということがあるかも知れないが）。しかし、万が一、そうした反対、もっと適切に言えば、知恵の言葉に関して言えば、対立する要素が愚かしい反対行為であったり、知識に関して言えば、全くの無知であると思われるときには、こうした対立は、キリストの身体のなかでは承認されるべきものではないだろう。

　というのは、それらの反対や無知が同じ一つの霊の働きから生じたと想定するとすれば、間違いだからである。一つに繋ぎ止める絆としての役割を果たす同じ一つの聖霊の働きからまさしく生じたと考えられない対立する要素や多様な事柄は、キリストの身体では共に揃って受け入れることは不可能である。

「キリストの身体における務めや働きの多様性」

　したがって、使徒パウロがこの問題について詳細に論じる際、彼が承諾する相違や多様性とはどういったものかと言えば、それは以下のようなものである。つまり、誰も身体としての教会のなかで兄弟たちと同じ働きや役割を授からなかったからといって、兄弟たちに対して腹を立ててはならない。そうではなく、すべての人は神がそれぞれに与えられた立場を守らねばならない。高い役職に就いた者は低い役職にある者を軽んじてはならないし、低い地位にある者は高い地位にある者に対して妬みを抱いたり、文句を言ってはならない。すべての者は、それぞれの固有の場において身体全体の教化のために務めを果たさねばならないというものである。こうしたことを使徒が意図していたことは、第二十七節で導かれた結論からも明らかであろう。「あなたがたはキリストの体であり、また、一人一人はその部分です。神は、教会の中にいろいろな人をお立てになりました。第

68

一に使徒、第二に預言者…」(新共同訳 １コリ 12:27-28)。使徒は、これらの言葉を、次のように総括する。「皆が使徒であろうか…」(新共同訳 １コリ 12:29)。

「第二の聖書箇所」

　この主張について、使徒はエフェソの信徒への手紙第四章第八から十七節でも再確認する。これが、私が上で語った第二の聖書の箇所である。しかしながら、あまり長くならないように、ここではこれらの箇所に言及するだけにして、その判断についてはそれぞれの読者に委ねようと思う。

　これと同じことを愛する弟子ヨハネが三つの面、つまり、父について、若者について、そして、子供についてという三つの面から主張しており、また、使徒ペトロも、ペトロの手紙一第五章第十五節において長老と若者という面から述べている。

「教会内における真の自由」

　キリストの教会における真の自由とは、それぞれの人が異なる立場にある他の人々を裁くことなく、愛の内に共に生き、すべての者が身体の一致と共通の善に対して配慮し、それぞれの立場で自らの務めを果たす際に、実現されるものである。また、聖徒の堅忍とは、それぞれの人が、ある事柄を行うにせよ、自制するにせよ、異なるあり方をするからといって相互に裁定を下し合うことがない場合に（たとえこうしたあり方が、身体としての教会内においてある特定の幾つかの立場や身分に固有のものであったとしても）、実現されるものである。

「使徒によって示された働きの多様性」

　教会において多様な働きが存在すること、また、存在する可能性があることを、使徒は何にもまして十分に提示する。すなわち、以下の通りである。

　ローマの信徒への手紙第十二章第三節：「わたしに与えられた恵みによって、あなたがた一人一人に言います。自分を過大に評価してはなりません。むしろ、神が各自に分け与えてくださった信仰の度合いに応じて慎み深く評価すべきです」(新共同訳 ロマ 12:3)。

　同書第四節：「というのは、わたしたちの一つの体は多くの部分から成り立っていても、すべての部分が同じ働きをしていない」からである (新共同訳 ロマ 12:4)。

同書第五節：「わたしたちも数は多いが、キリストに結ばれて一つの体を形づくっており、各自は互いに部分なのです」（新共同訳　ロマ12.5）。

同書第六節：「わたしたちは、与えられた恵みによって、それぞれ異なった賜物を持っていますから、預言の賜物を受けていれば、信仰に応じて預言」する（新共同訳　ロマ12.6）。

同書第七節：「奉仕の賜物を受けていれば、奉仕に専念しなさい。また、教える人は教えに」専念しなさい（新共同訳　ロマ12.7）。

同書第八節：「勧める人は勧めに精を出しなさい。施しをする人は惜しまず施し、指導する人は熱心に指導し、慈善を行う人は快く行いなさい」（新共同訳　ロマ12.8）。

　もしキリストによって召命された者が教会の役職に属する事柄を行い、その兄弟が神から召命されていないにもかかわらず、自らと同じ働くように強制したことから争いが起きた場合、それはキリスト者の自由の侵害であり、自由に対する抑圧になるであろう。

「自由に対する侵害から、衝突や分裂が生じる」

　ところで、すべての分裂や衝突は次の二つの観点に分類されるだろう。すなわち、ある人、もしくはある人々がその職務を果たすように神によって授けられた務めとは別の働きを主張したり、それよりも高位の職務に就こうとするとき、または、なすべきではないとされる事柄に従事しようとするときである。また一つは、ある人々は神によって授けられたそれぞれの立場で自らの職務を真に果たそうとするのだが、しかし、他の人々がそれに対して感情を害し、彼らを裁き、そして、彼らをその職務から引き離そうとするときである。どちらの問題も、キリストの教会においてこれまで生じてきたのであり、そして、これからも生じる可能性があると考えられるだろう。例を挙げれば、コリントの信徒への手紙一第四章第三から四節には、ある人々が不当にも使徒パウロに対して裁定を下したとあり、また、ヨハネの手紙三第一章第九節では、ある者が自らの与えられた立場を超えて、裁くべきではない人々を裁いたと書かれている。

こうしたことから分かることは、通常神の教会に存在する多様性とはどういったものかと言えば、それは同じ一つの聖霊の働きから生じた多様な賜物と、一つの身体としての教会内においてその教化のためにそれぞれの教会員が従事する多種多様な職務に基づき、そこではすべての者がそれぞれ自らの立場を堅持することが、彼らそれぞれの強さと完全性（Perfection）となるような場である。たとえ地位が高く優れた職務であろうとも、自らに与えられたのとは別の務めに従事することは、自らの力を弱め、自らを傷つけるだけに終わることだろう。したがって、一方でお互いに嫉妬したり、妬むことのないように、また、他方でお互いに軽んじたり、非難することのないように、教会内においては相互に対する忍耐が必要とされるのである。

「原始教会における忍耐」

　しかしながら、通常見られるような一般的な性質を持つこうした忍耐の他にも（この地上にキリストの教会が存在する限りにおいて、こうした忍耐は常に必要とされ、これからも必要とされることだろう）、教会にはある種の自由と堅忍もまた存在する。この自由と堅忍はより特別なものであり、ある特定の時間と場に関連性を持つものであるから、必ずしもすべての場合に妥当するわけではない。その一つの例として挙げられるのが、二、三の聖書箇所で叙述された原始教会の姿である。第一に、使徒言行録第二十一章第二十一から二十四節に見られるように、しばらくの間、ユダヤ人たちで割礼が許されていたのみならず、その他の様々な法的、儀式的な浄化や慣習も認めていたこと。第二に、ローマの信徒への手紙第十四章第五節にあるように、それぞれが特定の日を遵守していたこと。そして、第三に、コリントの信徒への手紙一第八章の全体を通して叙述されるように、肉を避けて暮らしていたことである。これらの箇所で使徒は、弱き者たちも存在することを理由に我慢を説き勧め、忍耐を奨励している。というのは、これらの弱き人々が執り行うこれらの事柄はかけがえのないほどに重要なものであったとは、また、そうした事柄も聖潔の原理から、したがって、信仰の原理から行われたならば、人々にとってより良きものであり、彼らはためらいを感じる必要もなかったなどとは、使徒は一言も語っていないし、聖書の何処にもそうしたことは書かれていないからである。

「律法の時代における忍耐と譲歩」

　繰り返して言うが、こうした忍耐の行為は、（然るべき時期には、真に価値あるものとされていた）律法に対するかつての崇拝の感情が今もなお深い影響力を持っていたため、こうした儀式や慣

習を捨て去ることができなかった弱き人々への譲歩として行われたものだったのである。そうした弱き人々に対して、使徒は次のような二つの忍耐を説く。

「I.ユダヤ人に対して」

　第一に、ユダヤ教から回心した信仰者によって行われていたある種の遵守行為に対する忍耐。彼らはこれらの儀式や慣習を超える見解を持っていたが、しかしながら、弱き同郷の人々や兄弟たちのためにも何かしら譲歩する必要性を感じていた。

「II.異邦人に対して」

　第二に、これらの儀式や慣習を理由にして、異邦人を裁くことをしないための忍耐。しかしながら、弱き者たちがこれらの悪しき事柄をさらに広めようとしたり、他の人々を導き入れようとすることについては許されなかったのであり、また、こうした習慣が元々なかった異邦人教会のある人々が、これらの儀式や慣習を進んで行おうとしたり、そうした事柄を主張した際には、使徒は率直にそれを批判したのである。これら二つの忍耐について、私はすでに言及された三つの例から明らかにしよう。

「例I.割礼について」

　割礼に関する例は、ガラテヤの信徒への手紙第五章第二節、および第四節にある。「ここで、わたしパウロはあなたがたに断言します。もし割礼を受けるなら、あなたがたにとってキリストは何の役にも立たない方になります。…律法によって義とされようとするなら、あなたがたはだれであろうと、キリストとは縁もゆかりもない者とされ、いただいた恵みも失います」（新共同訳　ガラ5.2,4）。

　これ以上明白な言葉があるだろうか。この言葉を見れば、良心の問題の難しさを主張し、「使徒のこれらの言葉は割礼を受けることを免除しているが、私がそうすることに呵責を感じ、良心から割礼を受けたいと思うのであれば、一体どうして割礼することで私は敬虔なユダヤ人よりも罪深き者となるのだろうか」などと言う者も存在しないことだろう。ここでは、そうした議論への余地がないことは一目瞭然である。

「例II.特定の日の遵守について」

　第二に、特定の日の遵守に関する例については、ガラテヤの信徒への手紙第四章第九から十一節

72

にある［訳注：「しかし、今は神を知っている、いや、むしろ神から知られているのに、なぜ、あの無力で頼りにならない支配する諸霊の下に逆戻りし、もう一度改めて奴隷として仕えようとしているのですか。あなたがたは、いろいろな日、月、時節、年などを守っています。あなたがたのために苦労したのは、無駄になったのではなかったかと、あなたがたのことが心配です」（新共同訳 ガラ 4:9-11）］。これを見れば、「もし我々がある特定の日を主の日として特別視するとして、それらの日を守ることに何の問題があるのか。それは、汝ら自身の言葉ではないのか」と言う者などいないだろう。そうした主張もここでは妥当ではなかったのは明白であろう。というのは、人々は特定の日を守ることで、次元の低い段階へ舞い戻ってしまうからである。

「例Ⅲ 肉を食することについて」

　第三に、食肉に関する例については、テモテへの手紙一第四章第三節にある。ここで語られる内容は悪霊どもの教えと説明されているが、他の観点から見れば、それはキリスト者の自制［忍耐］の言葉でもある。そういうわけで使徒は、第四節では一般的な観点から次のような説明を与えるのである。「というのは、神がお造りになったものはすべて良いものであり、（信仰を持ち、真理を認識した人たちが［訳注：原文で第三節の一部を引用］）感謝して受けるならば、何一つ捨てるものはないからです」（新共同訳 1 テモ 4:4）。したがって、これらの細々した事柄に関して、キリストの教会ではかなり十分な慎重さが求められる。それというのも、自由という旗印のもとで展開される自制［忍耐］の行為は、ときに率直な裁定にもまして有害なものとなる可能性があるからである。もし万が一ある者たちが良心を言い訳にして割礼や律法の潔めを主張したとして、すべてのキリスト者は声を一つにして、これらの主張について非難しないだろうか。特定の日の遵守や食肉に関して、プロテスタント一般は一体どのような裁定を下すだろうか。そうした特定の事柄について、キリストの教会では相互に対する忍耐があるのが当然であり、そうあるべきであること、そしてまた、そうした事柄を行使する自由は真の教会の平和を乱されることのない主なる神に依拠することは否定されないが、（先に詳しく見たような）問題に関しては、その事柄自体の性質、その根底にある精神や理由、そして、それらの事柄の結果や傾向については十分に注視されねばならないのである。

第七部　裁決を下す権能について [訳注：項目Ⅲ後半部a（11頁参照）]

　ある者たちがなすべきものとは別のものを強奪し、また、他の人々がなすべきではない事柄において自由を要求し、良心を言い訳にするということがキリストの教会内に生じる可能性があり、そうした過ちはいかにその外面が美しかろうとも、許容されるべきものではなく、すぐさま反対の証を述べるべきものであるということ、そしてまた、そうした過ちに対しては裁きを下すべきであり、そうする義務があるということであるならば、次に以下のような疑問が生じることになるだろう。

「項目Ⅲの三つ目の命題（後半部）」 [訳注：論点Ⅳ、50頁]

　つまり、一体誰がそうした争いに裁定を下す権能を持つ、適切な裁き手となるのか。以下の箇所で取扱うこの教会の権能は、キリストの教会に特有の性質であり、人間自身の手によって立てられ、作り上げられた他のすべての反キリスト教的集団や教会とは明確な区別をなす特性である。

「神の霊の働きのみが、教会内の争いに対する適切な裁き手である」

　この命題に関して、手短に、しかしながら、明白で簡明な形で回答を与えるならば、次のようになる。すなわち、教会内で生じた争いに対して裁定を下す唯一の裁き手となるのは、神の霊の働きのみであり、そしてまた、その霊の働きにのみ依拠した権能であると。そうした権能は、神の霊の働きに依拠する限りにおいて、唯一の無謬で的確な裁きを下すことが可能となる。[しかし]、この無謬性は、役職や地位や立場から身体としてのキリストの教会内において備わった事柄に関わりなく、当然のこととしてどういった人にもどういった立場にも特別な関係を持つものではない。言い換えるならば、自分は特に優れた教会員であるとか、教会員であったことから、自分の判断は無謬であるとか、もしくは自分たちは教会のなかで最も重要な地位を占めているとか、突出した評判の高い職務とか同様の役職に就くのだから、自分たちの判断は無謬であるという論理を展開する者が存在するとして、そうした議論は、ときに論争となっている問題に関して（この点については、後に述べることにしよう）、非常に重要な役割を果たすこともあるだろうし、そうなるはずであるが、しかしながら、主として唯一無謬の判断はそうした事柄に依拠するべきものではなく、不動の確固たる基盤である神の霊の働きにその根拠を持つべきものなのである。

　たとえこれ以上言葉を尽くさなくとも、教皇主義や監督制教会や長老主義教会から押しつけられた不要な要求や虐政から、我々を守ること、そしてまた、我々がそうであると烙印を押されてきた、

また、そう烙印を押される可能性のある同様の人々の集団（これについても後で見てみよう）を守ることに十分なほどの内容がこれまで提示されてきたことと思う。

「出エジプト記第二十五章第二十二節、民数記第七章第八十九節、ホセア書第十二章第十節、アモス書第七章第十四節、歴代誌下第十八章第六から七節、ヨハネによる福音書第六章第四十五節、ヘブライ人への手紙第一章第一から二節」

しかし、議論を進めるならば、この点にこそ律法の摂理と、新約や福音の摂理との相違点が存在する。というのは、古代のすべての人々が応じるべき律法の摂理は、幕屋のなかにいた聖職者の手を通して受け取られるべきものだったのであり、神はその幕屋のなかでケルビムたちの間に顕現され、そして、自らの御心を民に表明されたからであり、そしてまた、民が神託を求める預言者の氏族が存在していた（神はときに、後に啓示されることになっていたさらなる栄光の単なる印として、預言者でも預言者の系統に属する者でもないある人々に対して自らの御心を開き示されることを良しとされたこともあったのであるが）。

しかし、福音の時代においては、我々はみな神ご自身から教えを受けるのであり、レビの氏族や預言者の系統に属さないからといって、誰も神の教えに授かる特権から排除されないのである。こうした特権については、神の霊による啓示や命令を通して、個々の状況において神に御心を神の民に伝える人々によって行使されるのと同様に、他の人々（彼らは、生命において神との一致を感じ取る人々である）の言葉を通して神が命じられ、啓示された事柄を受け入れ、それに服従することによっても真に行使されるとしてもである。したがって、十分な論拠をもって次のように言うことができるだろう。

「無謬の裁定は、無謬の聖霊の働きから生じる」

すなわち、そうした無謬の裁定の基盤や根拠は、彼ら［裁定を下す人々］が無謬であるからではなく、そうした事柄において、そして、そうした事柄を実行する際、彼らが無謬の聖霊の働きによって導かれていることにあるから、ある事柄に関してある特定の人々が下す裁定は無謬であると主張すること、もしくはある特定の人々が他の者に積極的な見解を提示し、それを義務として彼らに対して課すことは、健全で誤りのない原理に十分に一致するものであると。

したがって、この点に関しては、「私は、誤りがちな人間の判断に従う義務など全くない。もし私自身がそうした義務を感じないにもかかわらず、それが義務であるとすることは教皇主義的では

ないのか」と主張したとしても、それは何の意味もないだろう。

　なぜならば、そうした主張は裁定を下す人々への不服従とはならないとしても、そうした機会に彼らの働きを通して開き示された真理の裁定への違反となるからである。一人か、あるいはそれ以上の人々が確信を持てないことは、彼らの心がかたくなであること、彼らが自らの分から離れていること、そして、これらのことは求められていないという要求に耳を傾ける能力がないことから生じるものである。これは誰も否定し得ないだろうが、考えないよりも考えてみた方が良いだろう。そこでまず、結論を示す前に、この問題をさらに明らかにするために、以下の主張点を提示し、それらに関して証明を行おうと思う。

　主張１：第一に、論争となっている状況では、もし集会が適切に、もしくは許容されるような形で集められるならば、キリストの教会の人間である人々や他の人々を通して判断を与える聖霊の働きは必ず存在するし、また、その働きが欠くことはありえない。

　主張２：福音の摂理の下では、神が自らの御心を伝える際には、通常キリストの教会において用いられる人々、また、教会で信徒を世話する人々を用いてこられた。このことは、他の人々を排除するという意味ではない。

　主張３：彼らの現実のあり方、つまり、効力のある形で共に集うこと、そして、そうした事例で積極的な判断を下すことは専政的でもないし、権利を剥奪することでもない。そしてまた、すべてのキリスト者が聖霊の導きにあるという普遍的な特権に反するものでもない。これらの事柄と合わないという主張や、彼らが理解できない説明に従うのを拒否するといったことは、神に対する不服従という罪を減ずることにはならない。

「主張１の証明」

　第一に、聖書を信じる人々にとっては、マタイによる福音書第二十八章第二十節にまさる説明はない。「わたしは世の終わりまで、いつもあなたがたと共にいる」。同じ福音書の第十六章第十八節。「陰府の力もこれ［訳注：教会］に対抗できない」。

　ところで、もし相違が生じたときに無謬の聖霊の働きによってそうした事柄についてのある判断を下すことができる人々がいないとすれば、陰府の力は教会に対抗することにならないだろうか。

というのは、争いや分裂が生じ、それを解決する効果的な方法がないとすれば、陰府の力のみならず、闇の裁判所や評議会が蔓延ることになるからである。そしてまた、ねたみや争いがあるところには、混乱が生じ、あらゆる悪の働きが生まれるからである。

しかし、無謬性をある特定の人々に関連づけたり、そうした教会というものをある特定の国や町によって区切られたある特定の集会や集まりとして理解しているような教会に限定していると誤解したり、想定してはならない。

「過ちに陥った人々や教会」

というのも、これらの多くの人々も、それが部分的にしろ、全体的にしろ、神の真理にしっかりと与っていないならば、過ちを犯す可能性があることを私は否定しないからである。また、ある特定の教会から選出され、選び出された人々の集まりが下した結論の一般的性格と複数的性格から、それらの結論が真理に関する無謬の判断であると必ず考えられるべきであるかのようにそれらの集会を強調するつもりもない。そうした場合には神の御力に真に与った（また、彼らはそうあるべきであるが）人々の集会に対して、神は自らの御心を明らかにされるのであり、しかしながら、多くの場合、単なる集会としての集会自体は最終決定権を持つことを意味するものではない（この点に関しては、後に言及しようと思う）。

「形骸化した真理を維持すること」

また、私は教会というものを真理に関する健全で真なる原理、もしくはいくばかりかの真理を保持する可能性のあるすべての集まりや集会として理解してはいない。というのは、ある人々は依然としてそうした真理の形や概念を維持していても、神の生命と力を失ってしまっており、聖化という点で（以前見たように）、〔聖化とは、キリスト・イエスにおいて聖とされ、教会を形成し、教会に十分な定義を与える事柄であるが〕、それらの事柄から遠く離れてしまっている者も存在するかもしれないからである。聖化〔訳注：バークレーの議論の文脈では、異質なものへの愛、敵対者への愛の完全なる実践〕が完全に欠けたところでは、キリストの教会は存在しなくなるのであり、そこには本質を失った形骸〔影〕のみが残るだけである。そうした集会は魂が離れ去ってしまった死んだ体のようなものであり、それ以上関わるのに相応しくないものである。それは既に堕落し、生きた事柄に腐臭を放つだけだからである。

「真の教会」

　ところで、私がキリストの教会ということによって理解するのは、キリストにおける真理に真に与り、それを維持するすべての集まりや集会のことであり、それぞれの分に応じて聖化され、そして、その内部において真理の力と徳性において、それらの事柄によって聖化し合うような集まりのことである。キリストの教会という称号を与えるに相応しい物事をこれらの教会が保持している限りにおいて（これらの教会はそう呼ばれるに相応しいだろう）、それぞれの教会毎に相違点や分裂や争いが起きることもあるかもしれないが、こうした教会はいくつかの国や人々にある様々な集まりによって構成される。そうしたことは、アンティオキアの教会に見られたことである。使徒言行録第十五章第二節、およびコリントの信徒への手紙一第一章第十一節にあるように、彼らの教会には小さからぬ意見の衝突があったが、教会としてのあり方を失うことはなかったのである。「わたしの兄弟たち、実はあなたがたの間に争いがあると、…知らされました」（新共同訳　1コリ1:11）。しかし、使徒はコリント教会の人々を神の教会、つまり、キリスト・イエスにおいて聖化される人々と呼んだのであった。

「キリストの教会には真の確実な判断が欠けることがない」

　だから、集会がキリストの教会というこの称号を真にそうである者として維持する限りにおいて、真に確実な判断は決して欠けることはないのである。この点について、以前言及したキリストの明白な約束に加えて（これは、神を冒涜することなく疑うことは不可能な事柄である）、次の理由を示そうと思う。キリストの教会はキリストの身体であり、キリストはその首であるから、もし教会がその首であるキリスト（キリストは自らを良き羊飼いと呼び、「わたしは、決してあなたから離れず、決してあなたを置き去りにはしない」（新共同訳　ヘブ13:5））をして自らの身体についての配慮を怠らせるとすれば、首が身体を見守るようにすべての事柄において統治されるべきキリストにおいて過ちを犯したり、間違いを起こしたりする可能性が生じることになるだろう。次に、福音書以降のすべての聖書において、こうしたことが無かったこともあるという叙述を見たことがない。むしろ、神は上で挙げたいくつかの点で霊の働きによって無謬の判断を与えられたということを見る。もし後世のやりとりや論争を反例として主張されるとしても、真の教会の本性と本質が維持されていた限りにおいて、真の判断は欠けることがなかったと大胆にも主張しようではないか。もし他の主張を展開したいというのであれば、どの点でそうではなかったかを示してほしい。そうすれば、私は後ほど答えよう。私は、（秘なる不正の働きが働きはじめた後、もしくは当初は真理の性質に混ぜものをすることで、後には

それを捨て去ることで不正が始まり、教会の単なる名称のみを保持するようになった後）、国のあちらこちらで散らばってしまった人々が存在したこと、また、ある時代の時々に散らばってしまった人々がいたことは否定しない。

「喪服を着た証人」

彼らは、彼らの内で働く生命の霊の力と徳性によって真に聖化されていたのかもしれないが、喪服を着た証人のように自分たちの集会にキリストの教会という称号をもたらすに十分ではなく、一般に承認されることもなく、また、灰の山に見られるような小さな点やようやく見分けられるような小さな火ほどの影響も集会に与えることはできなかったのである。これらのことから、次の点が明らかであろう。つまり、キリストの教会と呼ばれるに相応しい集会や集まりが存在するところには、争いという点について無謬の判断が欠けることはなかったということである。

「主張2の証明」

第二の主張点は次である。すなわち、「福音の摂理の下では、神が自らの御心を伝える際には、通常キリストの教会において用いられる人々、また教会で信徒を世話する人々を徴用されてこられた。このことは、他の人々を排除するということを意味しない」。（キリストの教会のたとえとして使われる）自然の身体でもそうであるように、より本質的でより力強い構成要素であればあるほど効果的な働きを行い、彼らの助けは身体で生じたどのような欠点や問題を解決するためにも非常に重要なものである。同様に、もし教会のなかには（上で示されたような）多様な賜物が存在し、ある者がより大きな分に与り、ある者がより少ない分に与ることがあるとして、より大きな分に与った人々は、弱き人々やより少ない分に与った人々よりも多くの善を行うことができ、問題が生じた身体を助けることができる。そうした人々のなかには、強い人、弱き人、幼子、そして、若い人々が含まれるが、彼らは悪を克服した者たちであり、彼らのなかに神の御言が存在する。そうした人々は敵対者が反抗しようとして襲ってきたとしても（彼らは既にそれを克服しているのだが）、依然として奮闘のなかにある者やまだ克服には至っていない他の人々よりもより能力を示す人々である。

「敵の誘惑から分裂が生じる」

ところで教会におけるすべての論争や分裂は敵の誘惑から生じる。しかし、もしこれらの強い人々、若い人々、もしくは力強い人々が自らの分から離れるとすれば、彼らは他の人々と同じように弱くなるだろうことは確かである。私がそのように主張するのは、彼らが彼らの分に忠実であることを前提

とするからであって、他の理由によるのではない。また、私は主の働きをこの点にのみ限定するのではない。「知恵と知識の宝はすべて、キリストの内に隠れています」（新共同訳　コロ2:3）。小さなダビデの手によってゴリアテを葬ったように、主の御手のなかにある最も弱き者こそが最も強き者と同じほどの強さを持つこともある。しかし、通常、主は弱き人々を助けるために強き人々を用いられる。弱き者と言われる人々が主によって用いられるときには、そうした機会は彼らの分の性質を変化させ、より崇高でより優れた程度で彼らに力を与えるのである。というのは、彼は小さなダビデであったが、後にイスラエルの王となるのは彼だったからである。使徒たちはユダヤ人のなかでは卑しい身分であったが、しかし、彼らは栄光の主の使徒になる運命にあった人々であり、イスラエルの家の迷い羊を集め、良き主の日を宣教するために用いられた道具であった。また、パウロもすべての「聖なる者たちすべての中で最もつまらない者」（新共同訳　エフェ3:8）、「月足らずで生まれたような」子供（新共同訳　1コリ15:8）と見なされていたが、異邦人のなかで最も偉大な使徒となったのは彼だったのである。

　さて初期教会において主が用いられたのは誰であったか、そしてまた、誰を通して主は無謬なる判断を下されたかについて考えよう。主はまずペトロから始められなかっただろうか。使徒言行録第一章にあるように、ペトロは最初に開催された集会において語った最初の者であり、聖霊の働きが注がれた後に最初に立ち上がった者であった。そして、彼は最初にユダヤ人の会議の前に現れ、キリストの福音のために語ったのである。彼のことを（ある人々が呼ぶように）「使徒の王」（the Prince of the Apostles）と呼ぶつもりはないが、彼は最初の者で、最も優れた者の一人であり、キリストは幾分普通ではない方法で民の世話を頼んだ人物であった。また、彼は異邦人への宣教において最初に用いられたのであり、彼とヤコブの言葉は割礼に関する論争を終わらせるのに非常に重要な働きをなしたのである（使徒言行録第十五章）。しかし、無謬の性質が彼に分離不可能な形で結びつけられていたのではないのが分かるだろう。彼の意見は多くの特定の事例においては積極的に受け入れられたにもかかわらず、ガラテヤの信徒への手紙第二章第十一節にあるように彼にも非難されるべき点もあったのである。

　使徒パウロもまた、コリントやガラテヤ教会に関して、それらの教会の人々は彼に従う者であるべきであると論じ、様々な事柄において積極的に意見し、そして、神に用いられた人間との想定のもとに、彼とペトロはこれまで見てきた聖書箇所のなかでそれぞれの教会に対して奨励の言葉を送ったの

である（くり返しを避けるために、ここでもう一度語ることはやめておきたい）。「兄弟たち、お願い
します。あなたがたも知っているように、ステファナの一家は、アカイア州の初穂で、聖なる者たち
に対して労を惜しまず世話をしてくれました。どうか、あなたがたもこの人たちや、彼らと一緒に働
き、労苦してきたすべての人々に従ってください」（新共同訳　1コリ16:15-16）。

　また、主がアジアのいくつかの教会に御言を知らせ、そして、非難するために、主の愛する弟子ヨ
ハネをいかにして用いられたかを見る。ヨハネは（普通に計算すれば、他の使徒たちは既に世を去っ
ていたが）まだ存命していた最も有名な長老であったことは明らかである。私にとって問題なのは、
キリストが福音の摂理のどの場面で他のどの方法を用いられたのかということではなく、自らの御心
を明らかにする際には、キリストは以前ご自身が教会において指名された長老や役職者を用いられた
ということである。この特権から他の人々を排除するために主の働きを制限することは我々に意図す
ることでは全くないし、また他方で、こうした特権は、あまり光に照らされていないようなあらゆる
教会員が立ち上がり、身体たる教会全体を支配し、裁き、そして、批判するのに十分な可能性を与え
るようなものではない。また、そうした人々の意見も、それが十分な根拠を持ち、十分で確固とした
基盤に基礎づけられていない場合は、疑いの対象となり、審議にかけられるのは当然のことである。
神は、［多様な方法ではなく］たった一つの方法で自ら立ち上げられた人々を備えられることは、新約
聖書のなかに例を見いだせないし、不可思議なことに、旧約聖書でも小さきダビデが大きなゴリアテ
と戦い、また、彼がライオンや熊を倒したことは〔これらの出来事も同様に起こりそうもない出来事
であるが、非常に目立つ記述である〕、神が彼を指名され、預言者が彼をイスラエルの王として聖別す
る以前の出来事だったのである。この点については、サムエル記上第十六から十七章を参照せよ。

「主張3の証明」

　さて主張点3の内、「彼らの現実のあり方、つまり、効力のある形で共に集うこと、そして、そうし
た事例で積極的な判断を下すことは専政的でもないし権利を剥奪することでもない」という主張点は、
これまで述べられてきたことのなかに当然のこととして含まれている。この点に追加すべき証明とし
ては、短い考察だけで十分であろう。主に従っている教会員や集会がキリストの教会において積極的
な判断を下すことは、彼らの適切な役割であり職務である。彼らはこうした働きに召命されているの
である。したがって、彼らが首［キリスト］によって導かれてそうした役割を果たすことは、彼らの
仲間の教会員に対する支配権を強奪することを意味しない。他方で、同時にそうした判断に従うこと

は（そうすることがある人々の役割である）、聖霊の働きによって導かれることを放棄することを意味しない。というのは、聖霊の働きが彼らにそうするように導くのだから。また、教会の判断が真理に一致し、聖霊の働きが導くものである場合に、その判断に従わないことは有害で罪深いことだからである。こうしたことはすべて何らの矛盾もなくキリストの教会において必要とされること、そして、上で挙げた命題を十分証明することは、以前の議論を少し見返すだけで明らかだろう。

　もしペトロとヤコブが様々な事柄において相違が生じた際に判断を下したことが抑圧を意味しないとすれば、現在でも同じ権威の働きによって導かれた者が同様のことを行うことも抑圧を意味しない。そのことは誰でも簡単に分かることである。他方で、もしある者が立ち上がり、不明瞭とかなんとかという理由でこれらの人々が下した判断に対抗し、それによってさらに不一致を引き起こし、教会の一致と平和を乱したことがあったならば（「聖霊とわたしたちは、次の必要な事柄以外、一切あなたがたに重荷を負わせないことに決めました」（新共同訳　使徒15:28）という言葉にもかかわらず）、また、彼らが害悪の原因のみを引き起こしただけで、古くからの権限を損ねる者として教会から切り離されたのならば、現在も起きている同じような事柄についても同じ結論に至らないだろうか。これらの主張点が以前提示され証明された原理に基づいていないかどうかについては、思慮深く公平な読者の判断に任せようと思う。

　さらに、テサロニケの信徒への手紙二最終章の第十四節で次のように言うことを鑑みれば、使徒パウロが自身の書簡を通して個々の事柄に関していかに積極的であるかが分かる。すなわち、「もし、この手紙でわたしたちの言うことに従わない者がいれば、その者には特に気をつけて、かかわりを持たないようにしなさい。そうすれば、彼は恥じ入るでしょう」（新共同訳　2テサ3:14）。以前取り上げた他の多くの聖書箇所でも、彼は信徒たちに彼自身に対して、また、（明らかに神の霊の働きを通して）教会のなかで指導者となるように指名された他の人物たちに対して従うように奨めている。

「聖霊の働きは真理の判断へ従うことへ導く」

　しかし、これらの聖書箇所を見て、使徒は人々に命令を下すという点でなすべき以上のことをしてしまっていたとか、信徒たちは服従という点でなすべき以下のことしかしていなかったと主張する者は存在しないだろう。そうではなく、指導者も彼らに従う者たちも聖霊の働きが彼らの心において導き、そうするように求めること以上のことをしたり、もしくはそれに反するようなことをするつもりはなかったのである。もし現在のキリストの教会が、かつて教会がそうであったのと同じ役割をもっ

ているとすれば（そうではないとする根拠は、私は知らないが）、それらと同じ事柄がかつてと同じ働きと効果を持つと想定することは可能であり、もし聖霊の導きに従い、同じ基盤に基づいているならば、同じような機会に同様のことをなすことは合法的であろう。次に示されるべきことは、こうした判断の権能は一体誰の手にあるのかということである。この問題を誠実に公正に考察することが、教皇制や他の似たような性質の組織の専制から、意図的に無知であるわけでもなく、教皇制に全く無知であるわけでもない人々とともに、私たちを解放するに十分である〔公平な読者であれば分かることである〕。しかし、これらの相違点を明らかにすることが考察されるべきものとして提示された問題の一つであるから、適切な場を設けてそこで何かしら論じようと思う。

第八部　こうした体制は、ローマ教会や他の反キリスト的な集会の抑圧的で迫害を進んで行うような支配体制とどのように異なるのか〔訳注：項目Ⅲ後半部b (11頁参照)〕

「項目Ⅲの後半部bの証明」

　この問題に関して教皇主義をどのように理解しようとも、〔スペイン領の王やイタリアの王子たちのように、また、イエズス会信徒や同様の宗教的な集団であろうとも〕、教皇主義者はローマの司教座に対して非常に服従的な態度を取り、教皇の座にある教皇はたとえ公会議がなくとも決して過ちを犯すことはない（*Papa in Cathedrâ non potest errare, licet absque Concilio*）と主張する。また、それほど教皇性に献身しているわけではない人々も、教皇や〔熱狂的な信徒からは分離主義者と見なされる〕公会議の公正な判断は無謬であると主張する。もしローマ教会の信徒と告白する者、もしくは教皇主義の原理を理解する者であれば、次の点を問題なく認めることだろう。

Ⅰ. 第一に、キリストの代理人やペトロの後継者たちがそのように呼ぶローマの司教 (Bishop of Rome) を除外しては、どのような形での公会議も合法的に招集されることはない。

Ⅱ. 第二に、教皇自身、もしくは彼の代理人として数名の人間が公会議に出席しなければならないし、彼らが常に公会議を進行せねばならない。

Ⅲ. 第三に、投票権を持つ公会議のメンバーは、司教、長老、もしくは聖職者から成る集会を代表する委員から構成される。

Ⅳ. 第四に、多数決により決定し、教皇、もしくは彼の代理人によって同意された事項は、無謬の霊の働きによって下された判断であると考えられねばならない。

Ⅴ. 第五に、ローマ教会に属する信徒全体は黙ってそれらの判断を受け入れ、信じねばならない。なぜならば、それらの判断は上で検討された点で合法的とみなされる公会議の決定事項だからである。それらの判断は、そこに記載された事柄の本質的で真の意味内容に関係なく、また、信徒の内なる聖霊の働きや聖書に書かれた証を通して精査されることもなく、そしてまた、以前に受け入れられ信じられた判断との一致、不一致も考慮にいれられることなく受け入れられねばならない。というのは、これらの判断を証明しようとしたり、疑いを持って調べようとすることは第一の掟［自らを神とすることにつながるから］に対する侵害とみなされるからであり、また、他方で、それらの判断が人々の内なる聖霊の働き、聖書の証、真理や理性の働きにいかに一致していなくとも、それらを黙って受け入れ信じることは功績となるからである。

Ⅵ. 第六に、通常の身分にある教会の信徒は、もし彼が聖職者や王から派遣された大使である場合を除いて、公会議に出席したり、投票したり、自ら判断を下すことは認められない。

Ⅶ. 第七に、教会の特に平信徒は、彼らがどのような都市、州、国に住もうとも、教会の信仰や礼拝に関する事柄について集会を開き、神の霊の働きを通して自ら判断を下すことは許されることではない。そうした集会はすべて分離主義的であり、不法とみなされる。

Ⅷ. 最後に、陰府の力も対抗できない無謬性の約束は、教皇、および上記の方法で招集され、権威づけられた公会議に当然のこととして属するものである。

ところで、理解力のある者であれば誰しもが、ローマ教会の誤謬であり、乱用であると知っているような、これらすべての命題を教皇主義的であるとして［我々が］否定するとしても、我々がこの教会の判断という点において〔他の点は別として〕、教皇主義者の一派とみなされるのだろうか［当然のこととして、そうではない］。これらの命題自体が我々と教皇主義者の相違点を示すに十分なものである。

「反論」

しかし、もし我々と教皇主義者の一致を次のように主張する者があるとしよう。つまり、「教皇主義者はキリストの教会による判断の無謬性を主張している。そして、あなた方も同様である。それゆえ、

あなた方は教皇主義者と同じである」と。

「回答1」

　私は次のように答える。こうした反論は、以下のような主張以上のことを意味しない。「教皇主義者は、神は礼拝されるべきと主張する。あなた方［プロテスタント］もそうである。それゆえに、あなた方は教皇主義者と同じである」。我々と教皇主義者との間の大きな相違、また、教皇主義者とすべてのプロテスタントの間の大きな相違にもかかわらず、プロテスタントは、我々よりも礼拝に関しては教皇主義者の立場により一致している。［であるとすれば］、我々と教皇主義者の一致に関しては、その程度のことしか示していないのであると。

「回答2」

　もう一度言うが、（我々が主張し、上で定義したような）教会の無謬性は、我々が示した想定（もしくは仮定）に基づくならば、否定されるようなものではない。

「真の教会は無謬の聖霊の働きによって導かれる」

　というのは、我々はまず一つの原理原則として次のように主張するからである。どのような集会も、どのような教会も、どのような人々の集まりも、もしそれが無謬の聖霊の働きによって教え導かれていないならば、いかに彼らの教えが正しかろうと、いかに形態が厳密なものであろうとも、キリストの教会とみなされることはない。［聖霊の導きにある］そうした教会には依然として無謬の判断があると主張することは一体どの点で危険であろうか。こうした主張は教皇主義からかけ離れているので、それとはまったく反対の命題を示すことになる。教皇主義者ならば、次のように言うだろう。つまり、無謬の聖霊の働きが目に見える信仰者に常に伴い、そして、たとえその生活がいかに悪しきものであろうとも、司教や牧師が与える外的な継承［使徒継承］自体に結びついていると。しかし、［もしそうだとすれば］、たとえ自らの考えでは完全な無神論者、もしくは完全な不信仰者であろうとも、もし彼らが外的にカトリックの信仰を告白し、教会に服従の姿勢を取るならば、彼らは無謬の聖霊の働きに与る者とみなされることになる。我々は全く反対のことを主張する。すなわち、人々に悪しき性質が存在し、教会の特定の人々に判断の不健全さが存在するところでは、彼らが与える外的な召命や継承にも

4　というのは、教皇のなかには、キリストの歴史性に関する聖書の真理を否定する、もしくは少なくとも疑いを持つ者さえも存在し、また、魂の不死性や復活について疑問視する者さえ存在することが知られている。

かかわらず、また、彼らがなす外的な告白にもかかわらず、さらに彼らが主張するどのような権威にもかかわらず、彼らはキリストの教会におけるどのような利点も、無謬の聖霊の働きも主張することはない。

「判断の無謬性はどのような点にあるのか」

では、聖霊の働きによって教え導かれる者以外、誰も教会の教会員と認められないとするならば、次に、単にキリストの教会という名称を保持、維持するよりも、聖霊の働きによって導かれる人々がいるならば、もしくは聖霊の働きによって資質を与えられ、構成された教会によって導かれる人々がいるならば、彼らが無謬の判断が存在すると主張したとしても、それは決して教皇主義的なものではないだろう。したがって、この無謬性は特定の人々や継承や単なる信仰告白に対して結びつけられるようなものではなく（これらの点に関して、ローマ教会は否定されるのだが）、また、信仰を理由にある特定の集団に結びつけられるようなものではない。それは、心のなかで生み出される聖化、再生、そして、新しい誕生の真なる効果的な働きにのみ、ただそれだけに結びつけられるものである。コリントの信徒への手紙一第二章第十五節（「霊の人は一切を判断しますが、その人自身はだれからも判断されたりしません」（新共同訳　1コリ215））で使徒が語るように、すべての事柄に判断を下すのは、この霊的な人である。この点に無謬性が存在すると主張することは誰からも批判されることはない。否定する者がいるとすれば、彼は神の霊は過ちを犯しうると主張する必要があるだろう。というのは、我々が無謬性を根拠づけるのは、人間自身に対してではなく、聖霊の働きとその力に対してだからである。したがって、そこには我々がたどるべき段階というものが存在する。すなわち、「それらの人々が神の霊によって導かれており、心のなかに示された神の恵みに従っているがゆえに、彼らはキリストの教会の会員や役職者である」。「彼らはすでに言及した点においてキリストの教会の会員であるがゆえに、彼らにおいて無謬の判断が存在する」。我々は次のようには言うことはない。「あれそれの人々がキリスト教を告白し、ある地位の外的な任命に与り、合法的な継承を通して教会内で確立された役職に就いているので、（上で言及されたような特定の規則に従って）彼らが共に集うときには、彼らの結論には無謬の判断が存在するとは言わない。したがって、彼らは何が正しいか必ず判断でき、彼らが判断したことは正しいと考えられるべきであるとも言わない。こうした主張に大きな過ちを見いださない者などいるだろうか。

我々はこの点において、すなわち、私たちの主張の基盤となる点で教皇主義者と全く異なる立場を

とる。そしてまた、ローマ教会のみならず、この問題に関してはプロテスタント一般とも異なる立場をとるのである。

「シノッドや宗教会議の体制について」

　すべてのプロテスタントは宗教会議の意義を認めており、それどころか分裂や論争がある場合に備えて、必要とさえ考えている。彼らが主張を展開する基盤、および彼らが強調する点について考察してみよう。

「1.プロテスタントの場合」

　第一に、すべての監督制や長老制を取る教会はこうしたシノッドや宗教会議を持つことだろう。シノッドや宗教会議はある特定の集まりから招集された聖職者から成るものであり、また、為政者とともに長老も何人か出席する。為政者と聖職者の判断は一致することが求められる。

　彼らは多数決によって決断を下す。彼らは、判断は間違いうると認める点で絶対的に無謬であると主張することはないが、彼らの決定事項が聖書に一致するものならば、それを拘束力のあるものとみなし、世俗の為政者がすべての人々がこれらの決定に従うことを強いる権力を持ち、もし人々が従わないとすれば、為政者は死刑、流刑、投獄、財産没収、その他の身体的な刑罰によって彼らを罰する権力を持つと主張する。それは、たとえそれらの刑罰の対象となる人々が、彼らが拒否する決定事項が聖書に反するということを確信し、そのように他の人々に対して示すとしてもである。

「2.教皇主義者の場合」

　次に、（教皇主義においては）、教会の教会員と告白し、〔上で述べられた点で問題があることを除けば〕分別もあり冷静でもあると考えられる人物であったとしても、教会会議に出席したり、投票したり、そして、自らの考えを表明することは誰も認められていない。

「3.我々はプロテスタントとも教皇主義者とも大きく異なる」

　我々が上述のように無謬の判断の基盤として提示し、そして、キリストの教会の真に呼ぶことができる基盤とみなす事柄にこれらプロテスタントと教皇主義のあり方を適用してみる労を惜しまない人であれば誰でも、我々がいかに彼らと異なるかを容易に見いだすことだろう。私は相違を、次の点にまとめよう。

　I.第一に、我々は、キリストの教会の真の構成員であるとみなされる人々が自らの判断を述べるこ

とから彼らを排除するだろうか。

Ⅱ. 第二に、我々は、霊的な事柄で一致しないということで外的に罰せられるべきと主張しているだろうか。

Ⅲ. 第三に、我々は、多数決によって決定したということでその判断が最終判断であると主張するだろうか。

そして、さらにこれまで述べられた点から読者も分かることであるが、一目見るだけで明白であろう事柄も下の対比表を見ることでさらに明らかになるだろうし、これまで述べられた事柄を熟考する機会を与えることになるだろう。

対比表

I 教皇主義者の主張	II プロテスタント一般の主張
1.教会には無謬の性質が存在する。無謬性とは、教皇が司祭やその他の人々を公会議に招集して、彼らが下した判断や一致した内容は何でもすべて神の霊の無謬の判断であるということである。その根拠は、キリストが、陰府の力は教会に対抗することはないと約束されたからである。	1.すべてのシノッドも宗教会議も過ちを犯す可能性はあるが、そうした会議は教会の教化のために必要である。会議は聖職者と特別に選ばれた平信徒から成る。そのように選ばれた者以外のすべての信徒は投票する権利も、判断を述べる権利もない。（ウェストミンスター信仰告白）
2.教皇と〔外的な継承権を持ち、主教座によって合法的に任命された〕ある特定の聖職者から成る公会議は、〔内的な聖潔や再生という必要な要素がなく〕、いかに悪しき性質を持ち、いかに堕落したものであろうとも、キリストの約束が与えられた教会である。彼らは、そうであるにもかかわらず、彼らは外的に招集され、任命され、特定の立場や役割に就けられる。彼らは、そうした会議のメンバーとして権威を与えられている。	2.そうした会議は宣教の観点から信仰上の論争、良心の問題、礼拝の問題について決定を下し、そしてまた、権威あるものとしてこれらの問題について判断を下す。決定は、それぞれの人の罪に全く関係なく、多数決によって決められ、その決定は無謬の判断とみなされる。その決定は、必然的に出席者の役職に結び付けられ、完全な力と影響力においてその権威は保持される。
3．したがって、（聖書に基づいていると考えられる）教会が決定した判断は敬意をもって受け取り、それに従わなければならない。もし従わない者がいるとすれば、たとえ彼らがそうした決定が聖書に即していないことを明らかにし、決定を拒否することを進んで明確に述べるのだが、彼らは為政者によって死刑や追放刑や投獄によって処罰される。	3.こうして決定された事柄に対しては、教会全体には従う義務が存在する。もし従わない者がいるとすれば、彼らはその不服従において確かに呪われるものとなり、そして、彼らは世俗の為政者によって死刑や追放刑や投獄によって罰せられる。決定に対して拒否する者も同じである。

III クエーカーの主張

1.「聖化された教会員」

　神の霊によってそれぞれの分に応じた形で聖化され、聖化の働きをなしており、そしてまた、霊によって教え導かれている人々以外は誰もキリストの教会の会員となるべきではないし、なることはできない。また、誰も（外的な任命や継承によってではなく）神の恵みと霊の内的な啓示による以外は教会内で役職に就くことはない。もし神の霊によって召命されているならば、結婚していようと、商売人であろうと、下僕であろうと、そうした役職から排除されない。

2.「彼らの無謬の判断」

もし教会がそうした人々によって担われるものであるとすれば、万が一何らかの相違が生じたとしても、聖霊の働きを通して無謬の判断が下せるであろう。そうした判断の無謬性は集会全体に存するのであるが、他の人々を排除するような形で集会に限定されるものではない。そして、集会は多数決の判断を支持することもあろうが、それは〔まるで多数者の判断が無謬であるとして、少数者の判断を排除するかのようにして〕多数決によって決められるものではない。そうした原理に基づく集まりや会議においては、特定の選ばれた人物に限定された特権が存在するわけではなく、教会に属する者として真の意味で認められ、公正で有力な人であれば、誰でも出席できるし、自らの判断を示すことができる。

3.「従うべきこと」

（そのように集められた集会の）真実に関する判断の無謬性は、一人か、それ以上の人々によって決定されたものであろうが、従われるべきである。それは、誰これの特定の人が決定を下したからというわけではなく、聖霊の働きがそのような決定に導いたからである。そうした決定には、すべての者は進んで支持し、快く当然のこととして同意する。その決定に反対したり、不明瞭な態度をとり、教会の決定事項すべてをなすわけではない者は、〔彼らの不服従の性格が重大なものであり、譴責に値するものであれば〕、霊的な交わりから切り離されることになる。しかし、それは、良心の問題がある以上、外的な意味で乱暴に扱ったり、苦しめたり、迫害するということでは決してない。

　私が望むことであるが、これら三つの立場を誠実に比較する労を惜しまない人であれば、我々と彼ら［教皇主義者とプロテスタント］の相違点を明らかにするためのこれ以上の議論は必要としないと考える。

「反論」

　もし次のように反論されるとすればどうだろう。教師や長老が決定することや、多数決によって決定することが標準になってしまうとすればどうだろうか。そしてまた、（そこから考えるに）、それはローマ教会や他の過ちに満ちた教会と同じやり方ではないのか。

「回答」

　我々はこれまでそうしたことが当然の権利であるとは主張してこなかったが、そうしたことが間違った判断の間違いのない印であると証明することも困難だろう。もしそのように結論づけるとすれば、それは必然的に使徒の時代の教会を批判することにつながる。というのは、使徒の時代においては、教師や長老たちが判断を下し、そしてまた、これまで見てきたように、ほとんどの人々がその判断に

同意してきたからである（使徒言行録第一章第十五節）。もし事柄が正しく、そして、真理に一致しているならば、長老やその他大多数の信徒がそれに同意することはより良きことである。もし判断が間違っているならば、その判断を主張することがそれを正しいものにすることにはならない。長老やその他大多数の信徒がいつも、もしくは非常にしばしば過ちに陥り、一方で、若き人々や少数派が正しい主張をするような集会は真のキリストの教会と考えることはできない。また、もし現在の教会においては聖霊の働きから無謬の判断を下すことは期待できないとの主張があるとすれば、（間違いなく）それは不一致にある信徒たちを靄のなかにとどめることになり、異なる意見を主張する人々のみならず、一致を求める人々をも非常に困惑した状態にとどめることになるだろう。そうした状態では、両者［異なる意見の人々と一致を求める人々］ともにあちらこちらに衝突する盲目の人と変わらなくなり、それはキリスト教を単なる懐疑主義へと陥らせるだろう。このような不確定さが一般的に「教会」と呼ばれる場に蔓延していることを認めるが、（これまで述べてきた理由から、また、それ以上の理由から）、我々は次の主張を固く信じる。つまり、キリストの教会はより堅固で安定した基盤に基づくものであり、首たるキリストから決して切り離されることなく、確実で安定した過ちのない道を歩むものである。

結論部　この小論で主張され証明された事柄は次の点に集約される

「全体の議論の要約」

I. 第一に、キリストの教会は、もしそれが可視的な教会員によって構成され（私がここで言及しているのは、可視的に一致した社会から構成されないような、背教の夜の暗い時代の教会ではない）、ある特定の教えを信じることへと導かれ、共に祈ったり、共に宣教を行ったりするように、神の礼拝の共同の行為において結束しているときには、教会のなかには秩序と統制が存在するし、また、存在しなければならない。

II. 外的な形態に関して言えば、この教会の統制は主としてその目的［礼拝］のために指名された特定の集会から構成される。もし聖霊の働きが導く形で構成されるとしても、それは礼拝を排除するようなものにはならない。

III. 第三に、教会の統制の目的は二つある。つまり、外的な目的と内的な目的である。外的な目的は

主として貧者、やもめ、そして、孤児に対する配慮に関係する。その他にも結婚を取り仕切ること、明らかな過ちのために悪しき評判が起こる可能性を取り除くこともそこには含まれる。内的な目的は、教えや行動における背信的言動に対して注意を向けることである。そうした背教とは、良心の主張のもとに既に受け入れられ信じられている信仰を否定したり、受け入れるべきでないような新しい教えを展開することである。（さらに細かく言えば）、そうした背教は重大な事柄、もしくはあまりそれ自体としては重要ではない事柄が関わり、悪しき霊の働きから生じ、当然の結果として対立や分裂や不一致を引き起こす傾向がみられる。つまり、それらはキリストの教会が確立され維持されるのに必要な愛と一致の絆を断ってしまう傾向があるのである。同じ範疇として考えられるべき事柄には、ねたみや争いや中傷や邪推なども含まれる。

IV. 第四に、（上の定義に基づくならば）、真のキリストの教会には、たとえ相違や論争が存在したとしても、依然として聖霊の働きを通して一人の人間、数名の人間、もしくは多数の人間に示される無謬の判断が存在する。

V. 第五に、この無謬の判断は神の霊の働きと御力にのみ結びつけられ、基礎づけられる。その無謬の判断は、教会内で定められ担われてきた、もしくは担われるであろう特定の任命や役職や立場を理由にして、ある特定の人や人々やある特定の集会に結びつけられることは決してないし、また、それぞれの立場で生命の一致の生きた感覚に留まる場合は別として、キリストの教会においてどのような権威ある立場にあろうとも、もしくは任命されていようとも、どのような人にも人々にも集会にも結びつけられることはない。そうした生きた感覚から内的に離れることは、たとえ真の教えや健全な形式を保持し、信仰の衰えや堕落を示すどのような悪しき習慣に陥っていないとしても、以前には与っていたすべての権能や役職や洞察の力を人々から失わせることになる。

VI. 第六に、そうした場合には、イエス・キリストが福音の下で自らの御心を長老や教会の宣教者や全体集会を通して示されてきた。そうした証は、十分な理由がない限り、軽んじられたり、拒否されるべきではない。上で言及したように、彼らが堕落し、洞察力を失ったということが明らかである場合を除いて、彼らが何らかの判断を下すとしても、それが不当な要求であると批判したり、その判断について反論するに正当な理由となることはない。

VII. 第七に、そうした場合に、教会の判断に従うことは、聖霊の働きによって内的に導かれるというキリスト者一般の持つ特権から引き離すことではない。というのは、聖霊はこれまで教会の判断に

従うように人々を導いてきたし、また、これからも導くだろうからである。確信に至っていないと主張することも、判断に従わないことへの十分な言い訳にはならない。というのも、不服従は頑固さや偏見にとらわれた心から生じるからである。しかしながら、教会の判断が明確に理解され、誰が決定するかということが明らかになる以前の段階で、そうした判断に誰もが従うべきであると、私は言うつもりはない。そうではなく、あらゆる公正さは、彼らが何をすべきかという点で明瞭さを欠くことはないのである。

VIII．こうした教えは、不当さによって汚されるものではないし、良心の真の自由に反するものでもない。そして、これらは教皇制や監督性や長老制、そしてまた、同様の性質を持つ教会の制度による侵害行為とは全く異なるものである。

ロバート・バークレー

Part II

『正しい基盤に基づいて考えられ、打ち立てられた普遍的な愛』

Universal Love Considered, and Established upon its Right Foundation (1691)

ロバート・バークレー（Robert Barclay）著

中野泰治訳

第一部　導入部：この問題における著者の経験について、およびこの題目を取り扱うようになった理由について

「若い頃から敬虔であることは、数少ない人々の幸福である」

　特に若い頃からキリストの教えに関する真実の確かな道についてだけではなく、神聖な生命と力についての生き生きとした印象を受け、その結果、イエスの純粋で聖なる本性へ向かおうとする全き心や愛の醸成に至ることは非常に望ましいことであるが、しかし、こうした幸福はほとんどの人に起きることはないのであり（大部分の人々は、教育による偏見から間違った考え方を身に付けているか、もしくは誤った考えに汚されている）、また、当初は見解、もしくは道についての正しい印象を知性において受け取った人々でさえも、彼らの生まれつきの気質に生じた内的な堕落によって、もしくは外部からの誘惑によって、この純粋な生命から後退し、それを失ってしまうことがよくある。こうしたことを鑑みるに、この堕落の時代を改善し、そうした損失を回復するための最前の方法とは、我々の悪に関する経験をもとにして、そして、我々自身がいかにこれまで間違っていたか記憶を思い起こすことによって、今現在啓示され信奉されるこの幸福において我々自身を確かにし、強めることである。この道こそが、パウロや他の人々の例で明らかなように、神を愛し神に付き従う人々の持つ益へとすべての人々を導く神の無限の善性の力強い働きを通して、これらの人々の宣教活動をより効果的なものとするのである。

　（私は未だ単なる若造に過ぎないが）、もし私がこれまでの人生の状況からおそらく他の多くの人々にもましてこのテーマを取り扱うに相応しい多くの経験を与えられ、したがって、霊の真の自立と自由を得たのが本当だとすれば、（誰かしらの利益になるならばと思い）、簡単にではあるが、私はこのことに関して何かを書き記してみたいと考えた。この問題に関する私の経験が、（もし主がそう望まれるのであれば）、神の祝福によって他の人々にとっても有益なものとなることを、私は心から望む。

「著者の教育的背景と経験」

　幼年期に行われた私の最初の教育は、最も厳格な種類のカルヴァン派の手によるものであった。我が国（スコットランド）のカルヴァン派は、一般的に、その宗派のなかでも最も厳格な人々であり、熱意の点で（彼らが自らをその系譜とみなす）ジュネーブのみならず、海外のいわゆる改革派

教会さえも凌駕すると認められている。こうしたことから、フランスのプロテスタントのある人々は、ジョン・ノックス（John Knox）やブキャナン（Buchanan）やその他の人々の例に見られるような、こうした熱心さが生み出したものについて非難される際には、（こうした性質を持つ彼らの原理に特有な事柄に加えて）、この有り余る熱心さは"a fervido Scotorum Ingenio"、すなわち、「我が国の人々の暴力的な気質から」生じたものに過ぎないと主張する程である。その後、少年期を過ぎるか過ぎないかの頃、私は神の摂理から教皇主義者［訳注：叔父が学長を務めるパリのスコッツ・カレッジ］の一団のなかに送り込まれることになったのであるが、私の若い年齢と未熟な能力は、私をこの道へ改宗させようという巧みなやり口に耐え、抵抗することができなかったため、直ぐさま教皇主義の毒に汚されることになった。そして、しばらくの間、神がその豊かな愛と慈愛によって私をその罠から救い出し、その道の悪について明確な理解を与えるのを良しとされるときまで、その教えのなかにとどまることになった。読者はすぐに、これら双方の宗派［カルヴァン派と教皇主義］において、この小論で扱われる愛の原理に全く相反するような影響を受けた数多くの機会が私には存在していたことに気付かれることだろう。それは、彼らの迫害の行為のみならず、彼らの様々な原理の偏狭さというものが、いかに彼らが普遍的な愛に反するかを十分に指し示したものであるが、この点については、後で詳細な形で明らかにされるだろう。神が私をこれらの罠から救いだすのを良しとされたとき、ほんの若者に過ぎなかったことから、私の判断はほんの脆弱なものに過ぎず、したがって、私の経験は取るに足らないと思われるかもしれないが、しかし、私は非常に幼い頃から知識欲が非常に旺盛で、知性にも恵まれたことから（虚栄心からそう言うのではない）、同年齢の大多数の者に比して学びも進展していたこと（当時の私の判断は確かに弱々しいものであったが）、そして、そのとき以来より多くの時間と慎重さをもって非常に多くの経験を積んできたことを考えても、それらの経験がこれからこの小論で構築しようと考える思想全体に対する基盤として十分に役立つことと、私は確信する。

「様々な宗派の言葉を傾聴した」

　そしてまた、ローマ教会を離れて、今現在関係を持つ人々［クエーカー］のなかに加わるまでの間、私はどんな類の人々の内にも加わらず、自由だったが、様々な宗派の人々の言葉を進んで聞くようにしていた。その交流の大部分が、教会の判断やそうした類の厳格さに対して激しく抗議する人々とのものであったが、これら人々［訳注：ランターズや自由思想主義者］は結局、あらゆる宗

派にもましてキリスト教の慈愛に欠けており、激しく不満の言葉を述べているだけのように、私には思われた。こうした奔放な態度は、おそらく他の宗派の几帳面さに対するもう一方の極端な立場と見なされるであろう。こうしたわけで、私はまたそれらの立場で常々主張される事柄も知る機会を得て、それゆえに、そうした立場に関しても自らの経験から何かしらを述べることができるであろう。

「クエーカーに関する人々の様々な見解」

私が今現在交流を持ち、イエス・キリストの真の信奉者であり僕であるとみなす人々［クエーカー］について、世の人々はこの普遍的な愛という問題を巡って多様な見解を述べている。ある人々は、彼らを慈愛に欠けるとして声高に告発し、自分自身以外のすべての事柄を頑迷にも批判する者とみなし、激しく議論を展開する。また、別の人々は、彼らについてそれとは正反対の見解を持つ。そのどちらの人々も、偏見や間違った教えに基づいてそれぞれの主張を展開するに過ぎない〔この件において何が本当に言い得るかについては、後ほど明らかにされるだろう〕。私自身、論争を展開するなかでこの問題［普遍的な愛］に関して様々な非難を被ってきたが、これらの非難は必ずといっていいほどめったに才知をもって取り扱われることがなく、この点におけるある人、もしくは別の人による判断に耐え得るほど成功した形では、誰からも成し遂げられることがほとんどなかった。

このようにしてこの問題の全体について、この慈愛の欠如とは、それぞれの宗派が相互にそれに欠けるとして告発し合う事柄であるにもかかわらず、自分たち自身の内にその欠陥を全く見ようとしない事柄だということ、そしてまた、ある人々などはこの罪があるとしてすべての宗派を告発していることを見てきたわけであるが、こうしたことから私は、上で示されたタイトルに表された目的に従って、この問題に関する私の見解を書き留めることが相応しいと判断した。

第二部　キリスト教の愛と慈悲の性質に関する明示。その性質と真の熱意との一致、および間違った熱意との相違点について

「キリスト教の愛と慈悲の性質」

キリスト教の愛と慈悲の性質については、聖書のなかで十分詳細に叙述されている。聖書によれ

ば、その性質とは、他のすべての"Perfections"「完全」を内包し、それらの根拠、源泉たるものとして、他のどのような徳性や性質にもまして尊ばれるものとされている。それは、愛から生じるもの以外に、真の徳性など存在し得ないからである。そうしたことからヨハネによる手紙一第四章第八節では、神御自身が、そのもとに神の無限で言い表せないすべての完全性が包含されるものとして愛であると呼ばれる［訳注：「神は愛だからです」（新共同訳　1ヨハ 4:8）］。また、この愛の働きを通して、我々は我々の本性の堕落から救い出され、仲保者の益に与ってきた［訳注：ヨハ 16］。この愛は、神が神の子たちを覆われる旗である［訳注：雅 2:4］。この愛のゆえに、キリストは自らの生命を我々のために捨てられた［訳注：ヨハ 15:13］。この愛の務めは、キリストの弟子の主要な印としてキリストから与えられた［訳注：ヨハ 13:35］。この愛は、霊の結ぶ最初の実として数えられる［訳注：ガラ 5:22］。この愛は、律法を全うするものと呼ばれ、すべての事柄はこの愛に存する［訳注：ロマ 13:10］。それは、何にもまして神を愛すること、隣人を自分自身のように愛することは、律法のみならず、福音の神髄だからである［訳注：1コリ 13:13］。

「愛と慈悲の優位性と、それに従って生きる必要性」

　それゆえに、使徒パウロはこの愛、慈悲を、信仰、もしくは希望に対して上にあるものとして位置づけたのである。その章で、彼は愛について簡単にではあるが、しかし、際だった形で述べる。彼はまず、人間の言葉や天使の異言をもって語ろうとも、預言や知性や知識の賜物を授かろうとも、山を動かすほどの信仰を持とうとも、全財産を貧しい者に与えようとも、それどころか身体を焼かれようとも、それらもこの愛がなければ全く無意味であることを示し、続けて愛について次のように述べる。「愛は忍耐強い。愛は情け深い。ねたまない。愛は自慢せず、高ぶらない。礼を失せず、自分の利益を求めず、いらだたず、恨みを抱かない。不義を喜ばず、真実を喜ぶ。すべてを忍び、すべてを信じ、すべてを望み、すべてに耐える。愛は決して滅びない」、他の賜物を滅びたとしても（新共同訳　1コリ 13:4-8）。

　これらの言葉にはこの愛の優位性が示されているため、それに従って生き、その内に生きることの必要性は、誰しもが喜んで認めることであろう。しかし、この愛の完成、およびその神髄は何よりも神に対する愛に存するのだから、そこから遠く離れたものはすべて、同じ言葉で表現されていようとも、しかも聖書自体の言葉で表現されていようとも、愛とみなすことはできない。

「自己愛 (self-love)」

たとえば、自己愛、世に対する愛、あらゆる被造物に対する愛がそうである。したがって、真の優れた愛へ到達するためには、他のすべての事柄に対する愛を捨て去り、神への愛をそれらの愛に優先させるのみならず、キリスト御自身がそう表現されたようにそれらを嫌悪すべきである。「自分の命を憎む人は、それを保って永遠の命に至る」(新共同訳　ヨハ 12:25)。さらにはキリストは、*父や母を憎むべきとまで語られる* [訳注：*ルカ 14:26*]。もちろん、それらの愛も、真の愛の下にあるならば、推奨され、命じられるものである。

「神の愛に対する証とは、神の命令を守ることである」

我々が真に神への愛の内にあるべきとして要求される証を、キリスト御自身が我々に示されている。「あなたがたは、わたしを愛しているならば、わたしの掟を守る」(新共同訳　ヨハ 14:15)。また、愛する弟子ヨハネは、知識において神を知ると言いながらも、実際には知らない人々の欺瞞を示している。彼は次のように語る。「「神を知っている」と言いながら、神の掟を守らない者は、偽り者で、その人の内には真理はありません」(新共同訳　1 ヨハ 2:4)。したがって、ヨハネによる手紙一第五章第三節の彼の言葉を参考にすれば、「「神を愛している」と言いながら、神の掟を守らない者は、偽り者で、その人の内には真理はありません」と言うこともできるだろう。なぜならば、「神を愛するとは、神の掟を守ること」だからである [訳注：新共同訳　1 ヨハ 5:3]。したがって、純潔 (purity) を伴わない愛は単なる偽りに過ぎず、また、神への愛の実践から遠ざけようとするもの、神の掟に少しでも従うことを妨げようとするものはすべて否定されるべきであり、決して受け入れるべきものでないことは明らかである。それは悪魔に対する愛であり、世に対する愛であり、自己に対する愛なのであって、父なる神への愛ではないからである。(知性と意志の双方の上に働きかける) 神の真の愛から、精神に大いなる熱情と望みが生じる。それは、精神が主に完全に一致し、すべての事柄において神の御心に相応しいものとされるためである。同様に、その神の愛から、神の愛に反するすべての事柄に対する、もしくはその愛から引き離そうとするすべての事柄に対するある種の嫌悪や怒りや憎しみの感情も生じる。これらが、一般的に熱意と呼ばれるものである。

「真の熱意は、神への愛から生じる」

そうした熱意も、正しい基盤と基礎に基づき、純粋に神の愛から生み出されるときには、大いなる徳となり、大いに推奨、奨励されるべきものになるのであって、その熱情が欠けていることもキ

リスト者のなかで真に非難の対象となる。そのように考えるならば、熱意それ自体は素晴らしく、純粋で聖なるものであることは、列王記下第十九章第三十一節で、熱意が神御自身に帰されることからも明白である。そこでは、神聖なる福音的な約束が主の熱意を通して実行されると叙述されている。また、神は「熱情を上着として身を包まれた」（新共同訳　イザ 59:17）と言われ、神の熱意は彼の憐れみや慈悲の情とともに数え上げられる［訳主：イザ 63:15］。さらにダビデは、神殿に対する熱情が彼を食い尽くしてしまったことから（新共同訳　詩 69:10、詩 119:139）、神に対して自らの身を託すわけである。また、パウロは、コリントの信徒たちが熱心であることから、彼らを賞賛する［訳主：2 コリ 7:11、1 コリ 14:12］。この熱心さのために、神の恵みがすべての人々に対して明らかにされたのであり、それは善き業に熱心な民を集めるためであった［訳主：テト 2:14］。このように熱意は賞賛され奨励されるが、その一方で、そうした熱意に反する事柄（すなわち、無関心や不熱心さ）は、主を不快にするものとして非難や戒めの対象になっている。こうした数多くの例のなかで、ラディオキア教会に対する言葉がここでの例として適切であろう［訳主：黙 3:15-16］。というのも、悪に対する矯正として、ラディオキア教会の人々は熱心に務め、悔い改めるように奨励されるからである［訳主：黙 3:19］。

「偽りの熱意、その種類と段階」

ところで、真の熱意が存在するのと同様に、偽りの熱意も存在する。真の熱意を持つことよりもむしろ、偽りの熱意を持たないことの方がより大切である。さて、この真の熱意は神の純粋な愛と、神の栄誉と栄光に対する特別な敬意から生じるのであるが、一方で、偽りの熱意はそれ以外の事柄に対する愛と敬意とから生じるものである。そして、この偽りの熱意には、様々な段階があるのみならず、それぞれの種類が存在する。すなわち、これらの熱意はすべて遠ざけられるべきものであるが、しかし、他のものにもましてなおいっそう有害で悪質なものが存在するということである。これらのなかでも最悪最低な熱意とは、人間が自尊心、欲望、大望、もしくはねたみの極限から自らの望みや愛欲を満足させ、満たすために怒り狂い、熱狂的な態度を示すときのものである。これこそが、自己への熱意の極限の形である。

「1. 怒りに満ちたカインの熱意」

この熱意から、カインはアベルを殺害し、イシマエルはイサクを欺き、エサウはヤコブを嫌悪し、ファラオはイスラエルの子ら、つまり、サウルやダビデを迫害し、そして、イゼベル（Jezabel）は主

の真の預言者たちを迫害したのであった。

「2. 邪悪な迫害者の熱意」

　第二のものは、自分で真であると告白し、そのように確信する宗教の原理にさえ誠実でも忠実でもなく、公に不道徳で不品行な者であると認められるような人々が、自分たちとは異なる見解を持つ他の人々を迫害し、抑圧するときの熱意である。彼らはそれらの人々と単に同等でないのみならず、彼ら自身の言葉によれば、節制と徳性の点で彼らより優れるというのである。ただ単にこれらの人々が宗教の考えと実践の点で彼らと同じではないという以外に、攻撃を加えるような理由など何もないにもかかわらずである。これは明らかに間違った熱意であって、神から生じたものではない。というのは、もしそれが真の神の愛から生じたものであるならば、他の人々へ向かう前に、その熱意はまず神の愛に相反すると認められるすべての事柄を取り除くように彼らの内で働くだろうからである。「愛はまず家庭から」という諺にある通りである。

「律法学者やファリサイ派の人々の例」

　これに似た熱意を持っていたのが、律法学者やファリサイ派の人々であった。彼らは、自らも達成できなかった律法を破ったということで、キリストを迫害したのであった。また、この点は迫害に向かう今日の教皇主義者やプロテスタントの熱意と同様である。

「3. 分別を失った宗教的熱意」

　第三のものは、確かに彼ら自身の教えに厳格に忠実に歩み、その道を良心的に考えるにもかかわらず、知性において分別を失い、真理を過誤と思いこみ、真理［と説く者］を迫害する人々の熱意である。こうした人々のなかに、律法に関しては非の打ち所がなく、熱心に聖徒たちを迫害した改心前のパウロが含まれる［訳注：使 22:3、ガラ 1:14］。それゆえ、彼は同郷の人々をこうした種類の人々の内に数え上げ、次のように語るのである。「わたしは彼らが熱心に神に仕えていることを証ししますが、この熱心さは、正しい認識に基づくものではありません」（新共同訳　ロマ 10:2）。また、おそらく、こうしたなかに数えられる人々について、キリストは彼の弟子たちに対して、「あなたがたを殺す者が皆、自分は神に奉仕していると考える時が来る」と語られたのである（新共同訳　ヨハ 16:2）。

「4. 早急な身勝手な（self-willed）熱意」

　第四の最後のものは、確かに知性は照らされているとしても、意志や心や気質は神の愛によって

徹底的には変えられていない人々が、非難されるべき事柄を正しくも非難するものの、神聖な愛の純粋な働きからではなく、すべての人々を自分たちとは異なる方向へと進むのを黙認しない際にみられるように、自己性を彼ら自身の意志の熱心さに混同させることから行うときのものである。

これは最も無垢な類の誤った熱意であるが、だからと言って、注意する必要のないものではない。この類の罪にある人々はあまり多くないが、彼らに相応しいことは、そこから救い出されるのを待ち望むことである。

「純粋で汚れなき熱意とは」

ところで、神の受け入れられる純粋で汚れない熱意とは、純粋で明晰な知性からのみならず、再生され聖化された意志からも生じるものであって、自己性からではなく、主から生じ、そして、主のために働きをなすものである。

第三部　様々なキリスト者に関する論争。どうしてそれが個々の人々の習慣からではなく、彼らの教え自体から導き出されるべきかについて

「キリスト教の愛は、最も素晴らしい特質である」

ここまでの議論を要約すれば、キリスト教の真実の愛と慈悲は最も優れた徳性であり、最も求められ、達成されるべきものである。それは、その当然の果実としての純粋性以外と交わることがなく、その結果、そこから不義に対する憤慨と熱意が生じる。このような真実の熱意はまさしく推奨されるべきであり、事実、すべての間違った無知なる熱意とは区別される。

この普遍的愛という問題についての議論を進めていくに当たって、論点を明確にしておくためにも、これに関連を持つ次のような主張を提示し、確認することにしたい。

「すべての種類のキリスト者によって当然のこととして認められる主張」

Ⅰ：神の純粋な愛と一致するすべての愛は、すべての種類のキリスト者に対してのみならず、すべての種類の人々に対しても同様に差し支えなく行われてよいものである。

Ⅱ：これらの人々の魂の救いに真に資するすべての愛、もしくはすべての慈愛は、それらがその救いに有用である限りにおいて、彼らに対して示されて良いし、そうされるべきである。

Ⅲ：それゆえ、すべての善は推奨され、励行され、愛されるべきである。それぞれの宗派に固有の過ちを理由にして、真の善き事柄が否定されたり、拒否されたり、軽視されるべきではない。

Ⅳ：思想や実践における悪は、どのような愛の主張の下においても、許容されたり、奨励されたり、促進されてはならない。［訳注：この四つの項目についての説明はない］

　私は、これらの主張について詳しく述べるつもりもないし、（冗長にならないためにも）それらの検証も行うつもりはない。というのも、これらの主張はすべての人々によって進んで承認され、同意されるだろうからである。したがって、主として今現在問題となっている主張こそが考究され、考察されるべきである。すなわち、次の問題である。

　　「今日、あらゆる種類のキリスト者の内、一体どの人々が最も忠実にこれらの基準を遵守し、彼らのあり方と教えにおいて神の真の愛と熱意を一番に示し、そして、それらに相反する事柄を避けて生きているのか」。

　そしてまた、この問題を明らかにする前に、慎重に、そして、真剣に考慮されるべき幾つかの事柄が存在する。つまり、次の通りである。

「1：他の人々を裁く落ち着きのない者こそ、誰よりも非難されるべきである」

　第一に、様々な種類のキリスト者の「慈愛」について言及する際、私はそれぞれの教えにしっかりと根を下ろした人々、それぞれの教えの真理や健全さにおいて十分に確信を持ち、その結果、その愛と慈悲を、彼らが悪しきものと判断し、そう思われるような者に対しても向けるような人々について語っているということに、注意してもらいたい。［そうではなく］、すべての人々に慈愛の心を持つように単に見えること、そして、何が正しく、もしくは何が間違っているかなど分からない自分自身の不安定さから他の人々を裁くのを単に避けることは必要な徳性ではあるが、特別の徳性というわけではない。それは、決して神の愛から生じたようなものではなく、それに似ても似つかぬものである。というのは、神は罪人を愛し、彼らに同情を示されるのみならず、自らが道を外れたことに気付かないわけでも、疑いもしないわけでもなく、十分にそれを知る人々に対しても愛を

103

向けられるのだから。こうした落ち着きがなく、不安定で落後した魂の人々が、自分たちは誰が正しく、誰が間違いであるか知らないと告白する一方で、他の人々を悪しき者として思いのままに裁こうするのであれば、当然のことながら、それは狂気と愚劣の極みである。そうすることで自責の念を感じざるをえず、それゆえ、自分たちは正しい状態にはないと確信するにもかかわらずである。だからといって、そうした人々の状態も、もし彼らが真に辛抱強く、彼らなりの善を進んで行うならば、ずうずうしくも間違った信念を確信し、喜々として他の人々を裁こうとする人々などよりも、他の人々から許容され、彼ら自身にとっても無難なあり方であると、私も信じないわけではない。

私がこれらのことを語るのは、いい加減で不確実な教えを持つ個々人のためである。彼らは、自身の不安定さを意識し、キリスト教の議論の余地のある多くの教えについて、どれが正しく、どれが間違っているか確信を持てずにいるが、これらの問題についてある決断を下す巧みな道を見つけることもできず、そして、おそらく真剣に探求したり問い求めたりするような手間や苦労をしたいとも思わず、そうした困難な状況や他の迷惑な事柄を避けたいと考えるような人々である。彼らにとって、これらの困難によって自分たちが必然的にある特定の人々や集団との交わりに組み入れることになると思われ、そのため、彼らはすべての人々によって一般的に承認される実際的な真理の通俗的概念で満足し、それで良しとする方が簡単であると考え、その結果、様々な類のキリスト者相互のなかで見られる激憤や荒々しさや厳しい非難の行為を、すべてのキリスト者の内にあるべき神の愛に一致せず、それに相応しくないものとして批判することで自分たちを何とか防御しようとするのである。なんと貧しい人々か。それゆえ、彼らは、自分たちがいかにこの罪にあるか、また、彼らが告発する人々よりもさらに非難されるべきかについて全く気にも留めないのである。その理由は、以下の通りである。

「1の理由①：罪があるとして相互に対して行われる宗教的な非難と裁きに関する様々な見解」

　第一に、それほど重要であり、それほど必要とされるキリスト教の徳性の点で不完全であるとして、様々な類のキリスト者を裁き、非難するこれらの人々は、自らもキリスト教の愛と慈悲の欠如という罪にあるとみなされないのだろうか。そうすることで、彼らは、直接的にではないにしろ、自らをキリスト者や、イエスの弟子であることから閉め出すことになることにならないだろうか。もし見解の相違を理由に相互に非難したり訴えたりすることを、キリスト教の愛や慈悲に一致しない過ちと判断するのならば、一体どうして彼らは自らもその罪に陥っていると考えないのだろうか。

というのは、様々な類のキリスト者相互の間でみられるこれらの非難や批判を自分たちの義務として行い、自分たちの教えの必然的な結論として行なうのであるが、一体なぜそうしたことから彼らを裁くのだろうか。もし彼らが、それは間違った教えであると信じるからこそ、他の人々を非難するのだと主張するのであれば、他の人々に対しても、同様に過ちであると信じる教えを非難する同等の自由な権利を与えるべきではないのかと、私は言いたい。そうならば、次の二つの内の一方の立場が必然的に妥当な立場にならねばならないだろう。つまり、間違った教えや見解は、キリスト教の愛や慈悲と矛盾することなしに、正当にも批判され、論駁され、非難され得る。したがって、様々な類のキリスト者の間で（素直に捉えられたそれぞれの教えに従って）このような批判を展開されることは、悪しき事柄でも、非難される事柄でもない。よって、それを非難する人々はそのような考えによって過ちを犯すのであると。もう一つは、どの類のキリスト者であろうと、彼らの教えや見解を理由にして彼らを裁くことはキリスト教の愛と慈悲に一致しないというものである。とすれば、他の教えを裁くことを理由にそれらの人々を告発しつつも、自分たち自身は彼らの教えを理由に裁こうという人々は、汚らわしくも罪に陥ることになる。

「1の理由②：意識しているにもかかわらず行われる、奔放な裁き」

　第二に、この点における彼らの悪意は、彼ら自身の言葉から判断すれば、彼らによって裁かれた人々よりもいっそう深刻なものである。というのも、批判される側の他の人々は、自分たちは正しく、彼らを批判する人々は過ちを犯しているという特定の信念と堅固な確信に基づいて行動するのであり、よって、彼ら自身の教えに必然的で理にかなった形で行動するのであるが、しかし、これらの人々は、何が正しく、何が間違っているかについて確信も持てず、何を賞賛し、何を非難すべきか、はっきりした理解を依然として持たないと自分で意識しているにもかかわらず、全く不合理なことに（結果的に自身の主張に矛盾する形で）、キリスト教社会に必要で重要である徳性と資質に欠け、少なくともその点で不完全であるとして、他のすべての人々を非難し、批判し、糾弾するからである。よって、族長ヤコブが彼の初子ルベンに語った言葉が、これらの人々にぴったりだろう。「お前は水のように奔放で　長子の誉れを失う」（新共同訳　創 49:4）。また、使徒パウロがローマ教会の人々に対して語った言葉や［訳注：「神は人を分け隔てなさいません」（新共同訳　ロマ 2:11）］、使徒がガラテヤ教会の人々に対して語った言葉も当てはまるだろう。「もし自分で打ち壊したものを再び建てるとすれば、わたしは自分が違反者であると証明することになります」（新共同

訳　ガラ 2:18)。

「2.宗教的集団は、その教えによって判断されるのであって、個々人の行為によって判断されるのではない」

　第二に、様々な類のキリスト者について判断を下す際、我々は、個々人の行動からではなく、彼らの信じるそれぞれの教えから導き出さねばならない。つまり、その教えが当然の結果としてどのような結論に至るのか、そしてまた、このキリスト教の普遍的な愛からいかに離れたものかについて問うべきである。その理由は、誰も否定できないことだろうが、様々な宗派のすべての類のキリスト者のなかには、様々な無数の気質と性格の人々が存在するからである。ある人々は、より激しく、暴力的、急進的な性格をしており、正しいと判断したものを大きな熱意と性急さと憤りをもって実行する。別の人々は、より静かで、柔和で、情愛のある性格をしており、自らのあり方を推し進めようという望みはあまり持たず、それをより丁寧で、優しく、そして、慎重なやり方で実行する。また、生まれつきそういった事柄を気にも留めず、無関心で、ガリオン的な性格をしており［訳注：使徒 18:12-17］、それゆえ、自分たちとは異なる人々に対して、何らかの徳性からではなく、そういった相違が彼らを煩わすことも害することもないとの理由で、忍耐強く礼儀正しく接する人々も存在する。これらの徳性が存在するからといっても、それらの徳性はそれぞれの人物に付随するのだから、ある宗派や人々がその責を負うべきようなものではなく、その点から彼ら［訳注：ある特定の教えを信じるグループ］が普遍的な愛を持つかどうかついて積極的な判断は下すことはできないのである。というのは、これらの徳性は、彼らの教えの果実でもなく、また、あれこれの集団に関係する教えから必然的に生じたものでもなく、単に彼らの生まれつきの個人の人間性から生じたものに過ぎないからである。様々な宗派のある特定の、もしくは特別な人物が先に叙述したような真の愛と熱意にどの程度まで到達してきたかに関しては、私は判断を下すつもりはない。ましてや、そうしたことはここでの問題に全く関係がない。もしある人が全く相反するほど彼らの教えとは異なった事柄を行っていることが判明したとして、彼らの兄弟たちは、それを理由に自分たちの教えを非難されるがままにすることはないだろう。同様に、ある特別な人物が優れた徳性を備えているからといって、それが彼らの教えに基づくものでないならば、この点で彼ら［訳注：特定のグループ］が正当であるとの評価につながることもないだろう。例を挙げれば、（ローマ教会がそうであるように）、自分たちとは見解の異なる人々を最大限に迫害することがその宗派の一般的な

106

教えであり、実践であるところでも、そういった類の厳格さに対して嫌悪感を表明し、それぞれの立場で自分の能力に沿う形でその言葉を実践するより節度のある精神の人が、一人、二人、もしくは幾人か見いだせるだろう。もしそうした人々の節度と慈愛をローマ教会に帰す者がいるとすれば、その人は酷く間違ったものの判断の仕方をしていることになる。他方で、良心の問題から迫害行為を全く行わないことが人々の一般的な教えであり、実践であるところでも、たとえそれが彼らの教えに全く相反するとしても、怒りや熱意にまかせてそうした行為に至る個々の人々は存在するだろう。もしこれを理由にその全体の人々を非難し、そのように判断する者がいるとすれば、同様に、その人は間違った結論付けをしているのである。

とはいっても、幾つかの教えがあまりに有害であり、あまりに厳格で偏狭であるために、それらの教えがその悪性によって信奉者全体に悪い影響を与えることがあるのを、私は否定しない。この点については、後ほど述べる。今は、前に言及した事柄について詳しく見てみることにしよう。

第四部　いわゆるキリスト者と呼ばれる様々な人々の教えについて。普遍的な愛との比較考察、および彼らに見られる欠点。Ⅰ.教皇主義者について。Ⅱ.プロテスタント一般について。Ⅲ.ソッツィーニ主義者について。

「普遍的な愛の根拠」

ある人々やある集団が、自分たちとは異なる見解を持つ他の人々に対して愛、もしくは慈悲を示す道が主として二つ存在する。同様にまた、この二つのあり方は、それとは正反対の立場の教えと実践をも示す。

「1. 慈愛ある裁き」

第一のあり方は、たとえ自分たちとは異なり、相反する教えを持つとしても、人間の魂の状態に対して友好的で慈愛ある判断を行い、それらの人々も、その教えに忠実ならば、神との平和と永遠の生命を得ることができると考えること、少なくともそれを絶対的に否定しないことによるもの。

「2. 友好的な態度」

第二のあり方は、人々に友好的な同胞的な態度を取り、たとえ神に関する考え方や、彼らの礼拝の性質や方法や実践形式における霊的な事柄に関する考え方が全く相反し、異なるものだとしても、

生命、自由、財産のどれについても、彼らを破滅させたり、滅ぼそうとしないことによるもの。これらの二つのあり方のどちらかでも欠けるときには、そこには当然のこととして普遍的な愛と慈悲は存在しない。

「1. 慈愛なき裁き」

汝とは異なり、汝とは別の見解を持つすべての人々を救済から除外するほどに、救済の手段を自分たちの教えや教理に縛り結びつける汝が、汝の慈愛は汝自身の枠組みを超え出ることはないと主張してきたのは確かである。また、汝とは異なる見解を持つすべての人々に関して、これらの人々のなかに現われるであろう徳性と優秀性のゆえに抱く最も良き見解と最も高い評価も、しょせんは「彼らはこれらすべてのことがあったとしても、裁かれねばならない」との結論に帰着するに過ぎない。そのため、遠くの場所に住み、自分たちの教えを知る手段の益から排除された幾人かの反対者にも救済は可能であると、問題を含んだまま主張し、この救済を神の全能の単なる効果であり、よって純粋に奇跡的なものであると考え、彼らも神が奇跡的な並はずれた方法で幾人かの人々を天国へと導かれることを否定するつもりはないと、彼らのなかに幾人かが語るのだとしても、上記の点を考えるならば、そのことも彼らの普遍的な愛を証明することにはならないだろう。というのは、こうしたことも、教えや人々の双方に慈悲が存在することを全く示しておらず、もし神について別の主張を展開すれば、甚大な不合理が生じることを見てとって、単にうわべだけで神の全能性を承認するにすぎないからである。神によってすべての人々に示され、真にすべての人々におよぶ救済の手段であり、秩序である並はずれた奇跡的な啓示の伝達に与っていないために彼らの主張の展開を理解できずにいる人々、そしてまた、彼らとは異なる見解を持つ人々こそを、当然のこととして自分たちの教えの範囲に数えいれる人々だけが、教理の点では慈愛的であり、神の愛の命令に沿うものと評価されるのである。

「2. 慈愛なき態度。良心を理由に人々を滅ぼそうとする悪意ある行為」

第二に、宗教的問題に関する私の考えと同調できないという理由から、私から生命や財産や自由を奪おうとする汝は、私に慈愛を持つなどと主張することは不可能である。つまり、「汝はそれを善のために行い、私の魂に対して抱く愛のゆえに行う」との主張は、そう行動することで常に間違いなく人々の見解にある変化をもたらすというのであれば話は別だが、あまりに馬鹿げていて答えようがない議論である。ところが、[汝に関しては]それとは正反対の経験が非常に多く見出され

てきたのであり、今日でも同様である。そうした厳格さは人々を彼ら自身の教えから離れさせるよりもむしろ、しばしば彼らの態度を彼らの教えに固執させることになるのを見れば、それは分かるだろう。

　また、汝は、汝自身の信仰告白から、私の身体のみならず、私の魂までも滅ぼそうとするのであり、もし私が自身の考えにとどまり続けようものならば、汝は汝の教えに基づき、私を裁かねばならないと考える。熱意と怒りをもって私から悔い改めの機会を奪おうと、汝が汝の思う通りに行動するのを見ても分かるように、汝がこれらの悪しき行為のまさに直接の原因であり作者となっていることは、確かに想像しうる限りにおいて最大の悪意と妬みの行為である。悔い改めとは、汝も知る通り、もし汝によってそのように私の人生を損なうことがないならば、神が私に提供されることをよしとされる事柄であるにもかかわらずである。

「為政者が犯罪者をその罪のゆえに死に追いやることは、良心の問題から良き人々を死刑にすることの先例にはならない」

　（ほとんどすべてのキリスト者一般の判断によって認められ、行われていることであるが）、殺人者や他の放蕩な犯罪者を死刑に処すことを例として主張することは、キリスト教の愛を犯すこととは見なされないのだから、他方［良心の問題を理由に死刑にすること］も同様であると主張されるのだとしても、この問題においては全く何の役にも立たないだろう。ましてやそうした主張は、この種の非キリスト教的な残酷さを十分に保証するものでもない。これらの人々が処罰される原因である犯罪は、良心の問題として正当化されるものでも、良心的に実践されるものでも何でもないからである。これらの犯罪は、すべてのキリスト者のみならず、すべての人々によって、人類のまさに本性に対する破壊行為として、そしてまた、人間社会に対する破壊行為として全会一致で非難されるものである。これはまた、すべての犯罪者自身からさえも告白されることでもあり、十万分の一の例外が存在するかどうかさえ、私には分からない。これらの人々に対する処罰は正当化されることであり、すべての人々が一般的に認めることであろう。しかしながら、単に良心を理由に真面目で正直で良き人々を殺害することは、キリストの教えに全く反することである。これはすでに他の箇所で詳細に論じたことである。

　こうした点を前提に、簡単にではあるが、私はこれら二つの視点［慈愛と友好的態度］を様々なキリスト者に対して適用し、そして、すべての人々によって言葉の上ではそれほど賞賛され、それ

が欠けるということでそれぞれが相互に裁きあい、批判しあう事柄である普遍的な愛に対して、それぞれの教えが十分に一致し、そこへと至るものであるかどうかについて考察してみたい。個々の宗派には、この点で考察の対象となるかもしれない数多くの他の特殊な事柄が存在するが、しかし、上で言及した二つの事柄が主要な問題であるから、私はこの適用の段階においては、これら二つの事柄にのみ力点を置こうと思う。

「I. 教皇主義者の格言。教会の外に救いなし」

まず教皇主義者から始めよう。これら教皇主義者の間では、「教会の外に救いなし」(*extra ecclesiam nulla salus*) との格言以上に、普遍的に承認され、同意される事柄は存在しない。私は、この格言についてはある意味で真理であると告白するが（この点については、後ほど明らかになるだろう）、しかし、彼らの間で理解される意味によれば、それはこの普遍的な愛とキリスト教を完全に破壊するものである。というのも、その外には救いが存在しないとされるこの「教会」という言葉によって、彼らがまさしく理解するのはローマ教会だからであり、そのようにして彼らは、ローマ教会の交わりにない者はすべて救われないと断定するからである。こうした主張は、ローマの教会における儀式的な具体化が救済にとって非常に重要な事柄であり、それゆえに、滴礼や洗礼といった儀式によって受け入れられない限り、この教会の教会員自身のまさに生まれたばかりの子供さえもその救済から除外されることを鑑みても、彼らの教えから必然的に導かれるものである。たとえ彼らが、これらの洗礼に授かっていない幼児たちに地獄よりましなある場所を用意するのだとしても、彼らの慈愛がどれほど小さいものかは明らかであろう。また、いかにこの慈愛が彼らの個々の儀式や形式に制限されていることか。もし彼らが、こうした儀式を受けずに生まれてきた自分の子供たちが、実際に罪を犯していなくとも、天国から除外されると考えるとすれば、そうした儀式を受けずに、同時に多くの罪を犯した人々（成人に達したすべての人々、特に教会に属さない人々はすべてそうであると、教皇主義者たちは信じているが）は、救済に与ることなく地獄に至ると、彼らは判断することになるだろう。

「教皇は、年に一度、教会外にあるすべての人々を追放し、破門を宣言する」

第二に、［イングランド国教会以外のキリスト者である］非国教徒 (Dissenters)、教会からの分離主義者 (Separatists)、不信心者、トルコ人、異端者、つまり、ローマ教会との交流や交わりを告白せず、ローマ教会を彼らの母教会として認めないすべての人々は、教皇によって全く真面目腐ったや

り方で年に一度破門を宣言される。そのように呪われ、破門され、教会の神父や主教らによって悪魔の手に渡されたこれらのすべての人々も、ローマ教会の人々の判断では、救済可能と考えるとすれば、それは全く甚だしい矛盾である。これらの人々を破門する際に、ローマ教皇は神によって良しとされ、無謬の聖霊の働きによって導かれていると考えるのだとすれば、特にそうであろう。

「ローマ教会の基盤、すなわち、ペトロの優越性について」

最後に、彼らの教会共同体の外にある人々や、彼らとは意見を異にし、分離した人々にまで普遍的な愛と慈悲を拡大し、これらの人々も救いの能力と可能性を持つ者であると見なすことは、ローマ教会のまさに基礎と基盤を破壊し、転覆することになるだろう。この教会は、ペトロと彼の継承者たちの優越性と優先性を認め、その無謬性が継承者たちに付加されると信じることの上に成り立っているからである。

ところで、ローマ教会に属さない人々はその無謬性を受けることができない。継承に与らないこれらの人々は、ローマ教会からその慈愛を向けられないのみならず、教会の外に存在すると見なされ、その結果、その立場に留まる限り、決して救済されることはないとみなされるからである。

「反論」

ローマ教会は、多くの事柄において彼らと全く異なる見解を持っているが、ギリシアやアルメニアやエチオピアの教会に対して慈愛を告白するではないかと反論されるとすれば、どうだろうか。

「回答：ローマ教会は、ある限られた人々にだけ慈愛を告白するのみである」

私は、次のように答える。つまり、ローマ教会がこれらの人々［ギリシアやアルメニアやエチオピア教会の信徒］に行う、もしくはローマ教会が彼らにこれまで告白してきた慈愛というものは、ローマの主教座に対して彼らが持つと仮定された認定、つまり、母教会であり使徒の座という単なる想定に根拠を持つことが分かるだろうと。ローマ教会は、その単なる想定からローマの主教たちの立場の確立と権威性を導き出し、少なくとも、ローマ主義者たちは世界にそのように信じ込ませようとしてきたのである（その真実性については、ここで取り扱うべき問題ではない）。そして、これらの教会間に見られる儀式上の差異は、ローマ教皇からこれらの教会に恵まれたものとして、ローマ主義者の側だけから承認されるにすぎない。教皇は父としての配慮と思いやりからこれらをそれぞれの教会に与えたというのだが、たとえそれが本当だとしても、こうした行為はむしろ教皇自らの権威性を誇示するために行われたものであり、遠く離れていることやその他の不都合な事柄

な理由から、ローマ教皇がそれ以上のことをこれらの教会に課すことができなかったからに過ぎないのである。というのは、より都合の良い近辺の地域では、これまで彼は、すべての人々をほんの些細な命令に対しても進んで従うよう暴力的なまでに熱心だったことは忘れないからである。このことは、他の多くの例からも明らかだろう。しかし、これらの作り話やローマの主教座に関する主教たちの仮想のすべては、彼らの壮麗さ、すなわち、低俗で騙されやすい連中を楽しませる単なる心地良い喜劇を保持しようとする政策の単なる効果にすぎず、教皇や彼の職務への敬意を増加させようとする政策の単なる効果にすぎないと考える人も存在する。いずれにせよ、これらの行為にどのような意味があろうとも、ローマ教会の教えほどこの普遍的な愛と慈悲に反するものはないこと、そして、この宗教に属する人々は、その教えを捨て去らない限り、そうした愛を主張できないことは、十分明白である。

「ローマ教会によって行われた迫害と扇動された戦争」

　[もう一つの] 迫害に関する教えがどれほどローマ教会で説かれ、実践されているかについては、あまり説明の必要はないだろう。スペインの異端審問、単なる良心の問題を理由にフランスやオランダで行われた非人間的な殺害行為や虐殺の数々、ローマの主教たち自らによって画策され、扇動され、そして、実行された数々の謀略、協議、その他もろもろの事柄や戦争。ルターの登場後、ローマ教会から不服従者を滅ぼし、根絶やしにしようとして、ローマの聖職者の長たる教皇は、これらの数々の行為に大々的に進んで貢献してきた。そうした行為はローマの教えにとって当然のことであり、必然と見なさざるをえないのではないか。したがって、これらの事柄は普遍的な愛と慈悲に反し、矛盾すると、そしてまた、ローマ教会の人々が彼らと異なる見解を持つ人々にキリスト教的慈愛を主張することは、偽善的行為であると見なさざるをえない。

「異端の王を廃位しようとする教皇の（弱められた）権力」

　これは [ローマ教会が、普遍的な愛と慈悲に反することは]、自らの教えを理解する知性を有し、自らの教えを告白する心がある人なら誰も否定しようがない、上述の二つの事柄において十分明らかである。私は、さらに第三の事柄を付け加えてもいいだろう。それは、幾つかの国の教皇主義の学者たちには否定されることだが、しかし、他の特に卓越したローマ主義者の人々、特にベラルミーノ（Saint Robert Bellarmine, 1542-1621）によって堅く信じられ、主張され、また、教皇自身によっても承認される事柄である。すなわち、異端の王たちを廃位し、彼らの国を他の人々に授け、それゆ

えに彼らをしてそれら王たちと戦わせ、それらの国を争奪することを合法的とする教皇の権力である。イルデブランド（Hildebrand: Gregorius VII, 1020?-85）やその他の人々の例から明らかなように、これまで教皇たちはちょっとしたことで腹を立てて、こうした刑罰に訴えてきたのであるが、しかし、最近は、教皇は彼の権威があまり尊重されず、服従させるための権力も弱められたことを見てとって、より寛容になり、告発に慎重になっている。とはいっても、すべての人によって神への服従として承認される事柄であったとしても、それがその合法的な実行者をそれに対する敵意から守ることができないならば、普遍的な愛に一致するものでないことは確かである。もしあなたが、権利も称号もすべての点においてあなた方と同じく申し分のないものであるにもかかわらず、あなた方と同じ考えを持たない限り、王を王であると認めようとしないならば、他者に対するあなたの慈愛はほとんどないのではないか。ローマ教会はこの普遍的な愛を主張しえないことを十分に示すこうした事柄や別の事柄についてもっと多くのことが言及され、詳細に論じられるべきかもしれないが、冗長さを避けるために、ここでは省略したいと思う。

「II. プロテスタントの教え」

（いわゆる）プロテスタントの教えの多様性は、特にこの問題に関する彼らの見解を読み解くことを幾分困難なものにしている。

「ルター派とカルヴァン派」

しかし、まず彼らの最も公的な信仰告白や国民全体の告白から、そのプロテスタントという名を抱く者として通常一般的に理解される人々に注目したいと思う。（すなわち）、ルター派とカルヴァン派が最も標準的なプロテスタントであると考えられるだろう。

「迫害、彼らの教えと実践について」

迫害に関する彼らの教えと実践にはいくつかの異なる面と一致する面が存在することから、私はまず次の点から見て行こうと思う。つまり、ルター派やカルヴァン派のみならず、（よりいっそう残念なことだが）、彼らに従わない様々な人々によっても支持される教え、「プロテスタントの普遍的教理」と呼ばれる教えである。すなわち、以前言及したように、この教理［訳注：神の愛は聖書を知らない人におよばない］がいかに普遍的な愛に矛盾するかについては述べたが、彼らに関して言えば、この教えにはさらにいっそう深刻な問題がある。すなわち、彼らは、基本的な物事では一致し、双方とも反キリストから分離した宗教改革に関する共通の企図を持つことを認めるにもかか

わらず、彼ら自身の教理に基づいて酷烈に相互に迫害を加えあい、互いがそれぞれの領域で自らの良心を自由に行使するのを許容しないという問題である。一体どうして、自らも根本的ではないとみなすそうした小さな差異に基づいて、この世の非常に一般的で当然の利益を相互に対して否定する人びとが、普遍的な愛や慈悲を主張しうるというのか。

「不和の状態にあるイングランドの例」

グレートブリテン島がこの良い例であろう。この島のプロテスタントは、ある意味で全員がカルヴァン派であり、少なくとも海外のルター派やカルヴァン派の間で大きな論争となった、また、論争となっている事柄を巡って争いが生じていないにもかかわらず、しかも彼らの相違は単に教会政治と幾つかの他の儀式の問題にあるだけにもかかわらず（これらの多くについて、カルヴァン自身は大した問題でなく、敬虔な人々にも食い違いは存在すると述べていた）、しかし、それでも、彼らが相互に慈愛をほとんど持たないことは全く驚くべきことであり、彼らの偏見と悪意の凄まじさ、取り繕いのしようがなさは、世に十分知られたことである。

「相互に対する破門」

その結果、こうした理由からそれぞれがそうすべきであると考えて、監督派の人々は長老派を迫害し、長老派は監督派を迫害する。そしてまた、その相違を理由にして彼らの宗教的儀式から聖職者を追い出し、公式に相互を破門、追放するのみならず、私的、公的人物などとは関係なく、これらの人々に対して投獄、罰金、刑罰、さらには裁判の執行を行なうように、役人たちに圧力をかけるのである。

「戦争と流血の惨事」

恐ろしい惨害や国際間の戦争行為については言うまでもない。これらの惨害や戦争によって、この島は流血の悲劇の場となり、何千もの家族を滅ぼすことになったのであるが、これら争いは、彼らの単なる相違から勃発したのであり、この国のまさに説教壇から行われ、扇動されたものだった。これらの一般的なありふれた教派が、相互を食い物にし、相互に謀略を図ってきたのであるが、彼らが利己的で自己分裂的な偽善者、扇動的で扇情的でおこがましい反逆者であることを知らない者はなく、また他方で、これらの人々は誇り高く血に飢えた高位聖職者であり、無知で不敬な聖職者であり、邪悪で憎むべき、背徳的で迷信的な奸臣であることを知らない者はないだろう。

「レモンストラント派と反レモンストラント派、長老派と独立派の間で行われた厳しい仕打ちや非難の応酬」

　さらに私は、（もしそうした問題を繰り返すことが退屈なことでも、面倒なことでもないならば）、カルヴァン主義の系統にあたる他の教派間で経験されてきた、もっと多くの似たような厳しい仕打ちや非難の行為の例を挙げることもできる。一つは、オランダのレモンストラント派（Remonstrants）と反レモンストラント派（Contra-Remonstrants）の間で、教会政治の問題では一致しているが、それぞれの教理上の相違を理由に生じた争いである。また一つは、イングランドの長老派と独立派（Independents）の間で生じた争いで、彼らは教理に関してはあまり論争を行わないが（少なくとも彼らの大部分は、世の人々にそう信じてもらいたいと考えている）、政治上のほんの些細な事情からいざこざを引き起こしている。これらのすべてが十分に示すように、いかに彼らは真の慈愛に欠け、いかに自分たち自身がそれほど盛んに推奨し主張する普遍的なキリスト教の愛から遠ざかってしまっていることか。単に彼らのなかには個人的な欠陥を持つ者、もしくは私的な過ちを犯す者が存在するというのではなく、そこには彼らのそれぞれの教理の一般的で必然的で当然の結果（あれこれの交わりや集団に属し、それらに関係する人間としての彼らから生じる結果）が存在することを見れば、特にそうであろう。

「肥大化され、打ち立てられた国教会、教区教会、説教者等の悪」

　ルター派やカルヴァン派のみならず、それらの教派の系統にあたるその他の教派（つまり、監督派と長老派のことである）にも共通する、普遍的愛を妨げ、普遍的愛の妨害になるもう一つの教理が存在する。すなわち、それは国定教会制度を求め、国教会の創設をはかることである。国教会を創設するなかで、彼らは為政者の力を借り、もしくはたいていすべての宗派を抱き込むことで、この王国全体を数多くの教区や集会に細分化し、それらすべての教区や集会へ国教会の説教者を派遣しようとする。その結果、人は国教会の教会員であることなく、その国の国民になることはできなくなる。彼らは、その住まいの地に作られた国教会の一つ一つの些細な事柄に（良心に反してでも）同意しない限り、人間として享受するはずのまさに特権を奪われることになるのである。

「破門とその悪について」

　というのは、国教会をより利のあるものとし、それを我々の国の法とすることには、もし国教会から破門されるとき、その国家からもまた追放されるという条件が伴うからである。したがって、

単なる良心の問題から教会の破門を宣告された人は、まるで国家に対して凶悪な犯罪をしたかのように、その財産と自由の多くを奪われる危険を被ることになる。しかし、一体どうして霊的な恩恵やこの世的な恩恵すべてを自らの教派に制限し、自分たちの見解のすべてに同意しない限り、人間を人間として生きる価値もなく、空気を吸う価値もないと考える人々が、普遍的な愛を主張しうるというのか。確かにこれは、義なる者にも不義なる者にも太陽を照らして下さる神の愛の本性とは全く異なる。ましてや、迫害とそれに従属する事柄は、さらにいっそう神の愛の本性に相反することである。

　私は以前、一般的に、この普遍的な愛の欠損は、神の愛に関する間違った考えから生じると述べた。神の愛を制限する人々は、結果的に自らの愛も制限するからである。

　ところで、人がその偏狭な見解から神の普遍的な愛を制限し限定しようとする主たるやり方は、神によって約束された救済に必要な手段を、すべての人々にはおよばないものとして提示することである。そうした救済の手段がおよばない人々には、どのような真の愛も拡大されるとは考えられないからである。この点から、プロテスタント一般は、ある教派が個々の点で他の教派に勝ることがあるにしても、不十分なのである。これについては後ほど見てみよう。

「ルター派、また、その他の教派は、キリストと聖書の知識を持たない者は救いに至ることはないと主張する」

　これらの人々に共通の欠陥は、キリストや聖書の益に関する明白な知識がなければ、救済は不可能と主張することにある。こうした主張は、ルター派、カルヴァン派、そして、アルミニウス主義者によるものであり、私はこれらの教派の名によってこれらのなかに含まれる個々の人々の個人的な見解のすべてを意図している。

　これらの人々は、何千もの人々、それどころか国民全体までもがこの知識の益から排除されてきた、そして、今も排除されていることを事実として認めるにもかかわらず、しかし、当然のことのように、これらの人々には救済は不可能であると結論づける。その結果として、彼らはこれらの人々に慈愛など向けず、彼らに対する救済の可能性を考慮にさえ入れないのである。こうしたことは完全に普遍的な愛の本性に矛盾し、それを破壊するものである。この種の普遍的愛は、そうした人々にも救済の可能性がある、もしくは（素朴に考えて）彼等には罪の責任などないのだから（それは避けようがないのだから）、彼等の置かれた状況かを見て、彼等は救済から完全には排除され

ていないと考えない限り、誰も主張できないものである。

　私は次のように結論づける。ある人々が悪しき状態に留まる限りは、私は彼等に対して慈愛を向けることもできないし、彼等が救われると想定することもできないとする。そこから次のように推論する者もいるだろう。

「反論」

　我々は、救いに至る手段である聖書やキリストに関する外的な知識を持たない人々に対して、彼らがその状態にある限りは、慈愛を向けることはできない。したがって、貴方の立場が普遍的愛に反しないというのであれば、私の立場も同様であると。

「回答」

　私は次のように答える。そういった類比はここでは全く正当ではないと。なぜならば、私が悪人に慈愛を向けない理由は、彼らが神の法を通して喜ばれないと自覚する事柄をなおも継続するからである。この神の法は、神が彼らに対して明らかにされ、良しとされたものである。したがって、私がこれらの人々について、もし彼らに悔い改めの機会があり、そこに救済の可能性があるとの希望を持つ理由は、彼らがその法を通して悔い改め、改心に至る道をわきまえることになるからである。

「普遍的な愛の根拠とは」

　したがって、神が彼らを悪から救うことができると信じるからのみならず、神は救済のために心が改められる道について実際に彼らに明らかにされてこられたと考えるからこそ、私の普遍的な愛については彼らに向けられるのである。それゆえ、私は神の普遍的な愛からこれらの人々を排除するつもりはなく、この神の普遍的な愛は神の御心の啓示においてすでに実際に彼らにおよび、彼らに達していると考えるのである。しかしながら、もう一つの立場はこれとは同等のものではない。

「インドの人々が聖書とキリストに関する外的な知識を持たないのは、神の摂理による」

　第一の理由は、たとえば、インドやアメリカの原住民たちが聖書やキリストに関する外的な知識を持たないことは、意図的な行為でも、悪意のある行為でもない。それは、彼らの間で知られたどういった法にも抵触せず、彼らには不可避な単なる神の摂理によるものだからである。また、彼らがそれらの地域に生まれ育ったこと、そして、聖書やキリストに関する知識を学び、身につけることのできる場所に移らなかったことも、彼らにとっては別に道徳的な悪でも何でもない。もし摂理の

働きを通して〔救済のために〕そうした地域に生まれ、その地の教育を受けることを良しとされた人々に対して神の愛はおよばないのだとすれば、神によって提示された知識や救済の手段を拒否したり、それらに対して反抗したからではなく、単に与えるのを良しとされなかった神の御心のために［聖書の］知識が欠けていたという理由で、私は彼らには救済の可能性はないと判断し、普遍的な愛を向けないということになってしまう。こうした教理に論駁し、それが真理や聖書に反するのを示すことは、すでに他の箇所で詳細に行われたことであるから（たとえば、私の『弁証（*Apology*）』の第五・六提題での説明など）、この小論文で取り扱うべき課題ではない。ここでは、こうした見解を持つ人々は普遍的な愛を正当な形で主張することができないことを示すだけで十分である。その点はこれまで述べたことから十分明白であるから、これ以上問う必要はないだろう。

　おそらくソッツィーニ派の人々や、また、より一般的な教理を持つ他の人々が、この点でさらに踏み込んで、次のように言うこともあるだろう。つまり、明白な知識を欠いたからといって、必然的に救済から排除されることになるとは信じないと。そうした考えを持つ人々が存在するのは確かであるが、しかしながら、そうした人々をある特定の宗派の範疇に整理しようとしても困難なことである。このような考えは、ある国民や、ある教会や集団の公的な告白によって承認されるようなものではなく、むしろ私が以前に言及したように、自分たちの教理に確信を持てず、誰とも特に交わらない人々の考えだからである。

「Ⅲ.救済に必要とされるキリストや彼の復活に関する外的な知識とのソッツィーニ派の信念」

　一般的に、ソッツィーニ派はキリストに関する外的な知識を過大に評価し、少なくともキリストやその復活に関する外的な知識を絶対的に必要なものと信じ、ローマの信徒への手紙第十章第九節に基づいて、それらの知識さえあれば十分であるとの主張を展開する（「口でイエスは主であると公に言い表し、心で神がイエスを死者の中から復活させられたと信じるなら、あなたは救われるからです」（新共同訳　ロマ 10:9））。しかし、ソッツィーニ派の大部分やそれに同調する他の多くの人々（すべて一緒くたに（*in cumulo*）考えているが）の主張も大目に見て、良しとしよう。というのは、全体としてみれば、彼らは不可避の運命によって外的な知識の益から排除されている人々にとっても救済は可能であると信じ、そう主張するからである。具体的には、次の通りである。

「反論」

　「神からすべての人々に授けられた自然の光を活用し、理性の一般的原理を行使しようとする

人々は、創造や摂理の働きから次のように結論を下すことだろう。つまり、多くの悪を赦され、多くの善をなし給う神が存在すると。自然の普遍的な光を活かそうと努める人々の元に、神は奇跡の働きを通して、キリストや復活の外的知識を教示するある人々、もしくは御使いを送り込まれる。そうして、彼らはキリストへの信仰を持ち、救済が可能になるのであると」。

「回答」

私は次のように答える。このような教えは、普遍的な愛の広がりを完全には捉えていないと。この教えは、依然として普遍的愛を外的な知識に限定し、その知識なしには救われないと考えるからであり、さらにはまた、何か奇跡的な事柄を想定するからである。こうした奇跡的な事柄は、以前にも述べたように、この件では認められない制限項目である。ところで、もしこの自然的な光を活用することで、キリストに関する外的な知識を持つ必要などなく、救済の道を得ることが可能であると主張されるとしても（その慈愛の広さから考えて、彼らの愛が非常に普遍的なものは見えるだろうが）、しかし、彼らは、他の人々に比して真の普遍的な愛を確立したことにはならない。なぜならば、当然神の真の愛から生じ、そこから生まれた善なる健全な教えに基づくもの以外、真の普遍的な愛は存在しないからである。普遍的な愛は、自己愛や利己的な原理に根拠を持つものではない。彼らの愛は、見かけ上は普遍的な愛かもしれないが、決してそのようなものではない。でなければ、敬虔な者も悪しき者も、信仰者も不信仰の者も、すべての人が救われ、どのような悪も人間の救済を妨害し得ないと主張する者がいるとして、彼はこの世の最も慈悲深い人々の誰よりも普遍的な愛を真に説く者であると言われることだろう。そして、こうした主張は、キリスト者の誰からも正当な形で非難されないだろう。その点を鑑みれば、神の愛に基づき、純粋であり、そうした性質を持つもの以外、真の普遍的な愛など存在することはないのである。

「救済のための自然の光、真の働きではない堕落した理性に対する称揚」

したがって、キリストや聖書に関する外的な知識がなくとも、自然の光を活用するならば、救済が可能であると主張する人々は、自然の光が人々をその目的地まで運んでくれると考えるにしろ、もしくは自然の光を活用することで奇跡的な啓示を招来することになると想定するにしろ、[そういった主張は、残念ながら]、普遍的な愛について真に説くことも、その愛を真に確立することもない。というのは、自然の光の活用とは、神の真の愛に基づくものではなく、自己（Self）に起因し、真に汚れきった人間の本性と理性を称揚することだからである。彼らは、概して恵みの働きや聖徒

の内の聖霊の働きを単なる幻想と見なすことから考えても分かるように、自己性に反する神の普遍的な愛は賞賛せず、自身の堕落した本性や理性の働きを高く評価するのである。その結果、唯一の仲介者であられるキリストがいなくとも、人間には自分で自分を救う能力があると考えて、神の普遍的愛に完全に対立し、それを軽んじるのである。このキリストの働きによってのみ、神の普遍的な愛はすべての人々におよぶというのに。なぜならば、神が愛する者は、キリストにおいて愛されるのであり、決してそれ以外ではないからである。キリストにおいて示される神の愛は、古い人 (the Old Man)、(すなわち、完全に堕落し、救済に与ることもできない行いをなす最初の状態にある人間) を脱ぎ去り、捨て去ること以外に、そしてまた、人間の本性からではなく、神聖な霊の種子に由来する新しい人 (the New Man) が魂のなかに生み出され、養われる以外に、真に与り、享受され、魂の救いとなることはない。

「絶対的堕落の教理は、神の普遍的な愛と招きに反する」

ましてや、厳格な永遠の裁定 [訳注：予定説] とそれに由来する教理を説く人々は、普遍的な愛に反しており、自分自身で普遍的な愛に欠け、普遍的な愛を知らない者であると告白するようなものである。彼らの信じるところによれば、人類の大部分のみならず、キリストの御名を告白する人の大部分でさえ、神の絶対的な定めによって必ず地獄に落されるという。すなわち、神は、永遠の昔からそうした目的のために大部分の人々を創造されることを予定し、彼らが悪事の道を歩むように指示された。そして、それを理由に、神は彼らを咎め、永遠の罰を加えられるというのである。その結果、キリストについての歴史や聖書を知らない人々が確実に断罪されるのみならず、こうした知識に与った人々の大部分でさえも、キリストや聖書の知識を正しく用いず、利用しなかったとの理由で（これは、彼らが陥ることを定められた悲惨な罪である）、同様に断罪される。それは、神が公に明らかにされた御心ではすべての人々を救済へと招来されるが、隠された御心では、人々に対して救済のためのあらゆる御力と御恵みを留保されるからだという。

私は次のように言おう。（カルヴァン派一般がそうであるように）、こうした見解を持つ者は誰も、普遍的な愛を主張することは全く不可能であると。彼らは、神の愛を少数の人々に限定し、大部分の人々を神の怒りと憤慨の単なる対象と見なすことからも分かるように、結果的に自分たちの愛をも限定するからである。神こそが愛の源であり、愛の創始者であられるのだから、誰も神を超えて真のキリスト教的愛を拡大しえない。それどころか、誰であろうと、その人の持つ最大最高の愛で

さえも、水の一滴が大洋に匹敵し得ないのと同じく、神の愛には絶対に適わないのである。ところで、絶対的堕落の教理を主張する人々は、明らかに自らの教理に矛盾することなしには、このように死に前もって定められた人々への普遍的な愛を主張することは不可能である。神が滅びに定められ、破滅の子として定められた人々にも慈愛を向け、彼らの救済の可能性を想定することは、何とも馬鹿らしく、首尾一貫しないことではないか。であるとすれば、我々は、誰が命へと定められ、誰が命へと招かれないかなど分かりようがなく、この困難な問題について何も言いようがないのだから、すべての人々に対して慈愛を持つべきなのである。

「理由1」

選びにあるとされる人々に対しても、彼らが悪の状態に陥り、回心してない状態にある限り、私は慈愛を向けるつもりはない。というのは、これらの人々は、明らかに禁じられたことであるにもかかわらず、あらゆる真実の見解に反して歩み、暗を光に、光を闇に対立させ、悪を善である言い、善を悪であると言うからである。

「理由2」

次に、こうした絶対的堕落の教理は、異教徒たちが彼らの神に貪欲な愛を持つことを期待するのと同じく、真のキリスト教的愛を盲目的なものにする。というのは、すべての人々の内には救済へと召命するために授けられた何か神聖なものが存在すると信じることの以外にも、人々の内に何らかの真の善性が存在し、その善性が神の愛に与り、その内に成長するのを見出すからこそ、彼らを愛すべきなのであって、神が彼らに対して良きことを行われるだろうとか、彼らは召命されるだろうといった単純な仮定に基づいて愛すべきではないからである。

「理由3」

第三に、絶対的堕落の教理の主張者たちは、神はこの件に関して目的を定められた、だからこそ、その手段をも備えられると信じて、そうした主張を展開する。彼らは自らの教理に基づき、いわば当然のように、慈愛のかけらなどまったくなしに、必要であるとされるこれらの手段の益に与らないすべての人々を、断罪され堕落に定められた人々と結論づけ、それのみならず、これらの手段を享受する自分たちの仲間でさえ、（彼らによれば、真の納得のいくような回心の印が見いだせないという理由で）、堕落に定められていると結論づける。この絶対的堕落の教理は、もちろん普遍的愛に似て似つかぬものから生じるのだから、（以前にも見たように）、不快な人間性の影響を受けて

121

変容したものであり、汚れたものである。だからこそ、この教理に厳格に几帳面に従うときには、通例、気むずかしく迫害を行う人間になってしまうのである。

「迫害という、血に飢えた反キリスト教的教理の根源」

　上の二つの教理、すなわち、（まさしくローマ教会によって理解される意味での）「教会の外に救いなし」という教皇主義者の教理と、プロテスタントの絶対的堕落の教理は、良心を理由に迫害を行う血に飢えた反キリスト教的信条が生み出されたまさに根源であり、本源である。したがって、これら二つの教理とその主張者は、神の真の公同的なキリスト教的愛に全く矛盾し、完全に相反する。

第五部　真の普遍的な愛に十分に一致する形で、ブリテン島やアイルランドの多くの人々や教会によって主張された幾つかのキリスト教の教理

　普遍的愛の欠如に対して不満を表明する人々は、通常、この欠陥は宗派（Sect：分派）の徳性に起因すると主張する。彼らの考えによれば、慈愛の欠如は宗派に特有の事柄であるという。そこから彼らは、どの宗派も例外なく普遍的愛を持つことは不可能であり、また、宗派に属する誰も、［それぞれの］教理に立脚する限り、もしくは宗派に堅く結びつき、結託する限り、普遍的な愛を持つことは不可能であると結論づける。こうした主張は、宗派の持つ本性が正しく理解されるときには、確かにこの上なく妥当なものとなるだろう。したがって、誤解を避けるためにも、この問題について多少ながら考察することが適切であろう。

「まさしく宗派と呼ばれるもの」

　宗派は、聖書のなかでは、一般的に、また、例外なくその最も悪しき意味で理解され、常にそのように解釈されている。たとえば、使徒言行録第五章第十七節、第十五章第五節、第二十六章第五節などでは、まさに文字通りに理解されており、使徒言行録第二十四章第五節や第二十八章第二十二節では、そう呼ばれるべきでない非難の言葉として理解されている。宗派とは、ある特定の人物や集団の見解や考えに付き従い、キリストの素朴で明白で重要な教えよりも、それらの特定の見解に固執し、情熱を注ぐ人々の集まりのことだからである。

「キリストに付き従う人々は、宗派ではない」

　しかしながら、キリストの信仰と教えに従い、自らの解釈や蛇足によって心が曇り、一杯いっぱいになった人間の推奨によってではなく、キリストから純粋に説かれ主張されたものとして彼の信仰や教えを受け入れ信じる人々は、宗派でもないし、宗派に属する人々でもない。したがって、彼らは単なるキリスト者であり、真の信仰深い人々、いやそれどころか、最も真なる信仰深い人々なのである。

　ところで、様々な種類のキリスト者のなかで、どの人々が宗派と見なされ、どの人々がそうでないかは、非常に重要な問題である。この問題を適確に考えるには、この小論で取り扱うよりもむしろ、もっと長い議論が必要である。したがって、ここでは、ほとんどすべての人々によって同意されるであろう一般的な事柄を述べるだけで十分である。個々の適用については、それぞれの理解ある読者に任せようと思う。この問題を明確にするために、以下幾つかの重要な考察を行う。

「普遍的愛に反する集まりは、宗派と呼ばれる」

　おそらく、次の命題はほとんどすべての人々によって承認され、真に主張しうるものであると思う。すなわち、普遍的愛に反し、普遍的愛に一致しない教理を主張し、喧伝する人々は、確かに「宗派」と呼ばれうると。これは、これまで言及された人々に容易に適用できるだろう。結果として、普遍的愛に一致し、普遍的愛に調和した教えや教理を主張するすべての人々は、単なるキリスト者と呼ばれるに相応しく、宗派ではないとみなされるだろう。次に、集団の性質、そして、人々が集められる方法のみならず、彼らを導く主義、主張こそが、その人々が宗派かどうか評価する際の重要な証拠になる。

「宗派の特徴1」

　第一に、単なる判断や知性に適う事柄に基づいて、よって、唯一つの見解において、また、その見解のもとにまとまる集団は、いかにその考えが正しいものであろうとも、宗派とみなされるだろう。なぜならば、キリストの真の教えや教理は、知性に完全に適い、同意を求めることがあるとしても、心に働きかける性質のものだからである。これらのキリスト教の教えと教理が、教会内の幾人かによって心への働きかけを伴うことなしに主張されることがあるとしても、教会全体によって説かれるときには、すべての教会員の魂を純化し、すべての教会員の心におよび、そして、（最も重要で最も無視できない事柄である）心を真の正しい回心へともたらす働きかけを当然のこととし

て伴う。しかし、誤りに満ちた教理については、何の心への働きかけを伴うことなく、教会全体によって説かれ得る。使徒たちや初期キリスト者の集まりは心の交わりであって、頭のみの一致ではなかったのであり、あの三千もの回心者たちはその心において選ばれたのであり、知性（Heads）のみで選ばれたのではなかったのである［訳注：使徒 2:41］。ましてや、使徒たちの例でも明らかなように、たとえ教えについて見解上の相違点が存在したとしても、［集会に］広がる義なる同じ生命の働きを通して心が一致させられるときには、その真の交わりは決して破壊されることはない。

「真の教会の集い、その誕生と基盤について」

　ここで言及される教えや教理を主張する人々が共に集う理由は、見解上の一致によってでも、思想や概念に関するうんざりさせ、同意を強いるような議論によってでも、また、これらの思想上の同盟関係や契約によってでもなかった。彼らが共に集うあり方は、それぞれの多様な宗派に属する数多くの真に鋭敏で真剣な魂が自ら自身の内に見つけ出した、ある秘なる思い（want）によってであったのである。この思いによってそれぞれの立場の人々は、あらゆる見解上の相違を超えて、疲れ切った魂を満たすもの、つまり、それぞれの魂のなかで魂の不義なる源と果実を焼き尽くす神の義なる裁きの啓示を求めるようになったのであった。そして、この不義なる源と果実が滅ぼされ、捨て去られるとき、魂の内には聖霊による平穏と喜びが生じ、その結果、あらゆる命令において聖霊の働きに従おうという力と生命が生じるのが感じ取られるようになったのであった。そのようにして、数多くの人々が心と霊において一つの義の生命の内に加わり、結びつけられることになった。彼らは、それまでの長い間、様々な宗派を彷徨してきたのであるが、内なる統一の力によって一つの身体に集められるようになったのである。そのようにして、彼らは次第にキリストの明白で素朴な教えに相応しい者となったのであった[5]。

　彼らが願い求めたこの内的力、彼らに罪に対する勝利を、そして、それに続く平穏をもたらしたこの内的力は、彼らをさらに一致と共同体へともたらした。その結果、彼らはまず、彼らの最も重

---

[5] 聖霊の内的啓示に伴う実践上、および教理上の外的一致は、彼ら自身の外的可視的交わりの外面的絆や鎖として世に明白なものとなり、その絆と鎖から、彼らはキリストの御名を告白する様々な宗派とは区別される存在として人々の目に映るようになった。それはちょうど、古代の真のキリスト者が、正統的教理に忠実であったことから、同じくキリスト者と主張する異端者たちと区別されたのと似ている。

要で最も主要な教えであり、普遍的な愛に何よりも一致するこの力〔この点については、後ほど明らかにしたいと思う〕をすべての人々に対して広く説き勧めること、その力へとすべての人々を導くことに力を注いだのであった。

　思想や見解上の単なる一致から生じた集団や交わりに属する人々は、通常それらの思想や見解の最初の提唱者にちなんで、集団や交わりの名称や呼称を選ぶ（昔の例を挙げれば、アリウス主義者、ネストリウス主義者、マニ教徒等である。最近の例で言えば、ルター主義者、カルヴァン派、アルミニウス主義者、ソッツィーニ派の人々、メノナイト等である）。他方で、それぞれの魂の内における、そして、魂の上へ働く力についての相互の感覚から生じた集団や交わりに属する人々は、ある特定の人物からその名を取ることはない。したがって、幸運なことにも、彼らは宗派の持つ際だった特徴から自由なのである。しかしながら、不敬な人々は、いつもながらのことであるが、神の子供たちや僕たちに何らかの名称や中傷の言葉を投げつけようとするものである。この力が魂において深く内的に働くことで、彼らは畏怖の感情に捉えられ、神への畏れの感情は、彼らの心の内に生じるのみならず、彼らの身体にまで達し、影響をおよぼす。こうしたことから彼らは、クエーカー（Quakers）とか、トレンブラー（Tremblers）といった罵倒の言葉を浴びせられたのであった。これらの名称は、彼らの自身のものではなかったが、まさに彼らと他の人々を区別するにはぴったりである。かつてのキリスト者は、キリスト者（Christian）という名を中傷の言葉として浴びせかけられたにもかかわらず、キリストに付き従う者とみなされることを何にもまして望み、その名を誇りにさえ感じていた。これらの人々も同じく、主の御前に震え、畏れと震えの内に救済に至る者という、世の非難の言葉を受け入れ、喜びさえも示すほどである。古代の預言者たちによれば、主は次のように予告されたという。イザヤ書第六十六章第五節に、「御言葉におののく人々よ、主の御言葉を聞け。あなたたちの兄弟、あなたたちを憎む者　わたしの名のゆえに　あなたたちを追い払った者が言う　主が栄光を現されるように　お前たちの喜ぶところを見せてもらおう、と。彼らは、恥を受ける」（新共同訳　イザ 66:5）とあるように、神の子はこうした非難の言葉を受けるであろうと。ここから分かるとおり、喜びあふれる神の現臨は、これらの憎まれ、「トレンブラー」や「クエーカー」と中傷される人々に約束されているのである。また、エレミヤ記第三十三章第九節には、これらの中傷が神の子に浴びせられるときには、それは主によって承認され、是認されることがさらに明確な形で予告されている。それは、次のような慰めとなり、非常に明白な言葉である。

「神が遣げられた神の子に与えられる栄誉」

「わたしがこの都に与える大いなる恵みについて世界のすべての国々が聞くとき、この都はわたしに喜ばしい名声、賛美の歌、輝きをもたらすものとなる。彼らは、わたしがこの都に与える大いなる恵みと平和とを見て、恐れおののくであろう」(新共同訳　エレ33.9)

「宗派の特徴2：宗派は、自己愛から生まれる」

宗派の本性は自己愛とその果実から生じることを考えれば、結局は、人々が自らの精神の力によって自分たちの道を普及させようと努力するとき以上に、宗派の特徴が明らかになるときはない。こうした人々は、聖霊の内なる導きに授かる必要はないと考えて、自分らの道を自然的で後天的な能力によって説き広めることを、それどころか外的な強制力や暴力によってその道を拡大させ確立することを、合法的であり、奨励に値することとみなすほどである。神や神の霊の導きなしに、人間が自らの単なる力や意志で働きをなすことは、真理や純粋なキリスト教という主張のもとに、自らの思いつきや発案を自画自賛することに他ならないからである。

「しかし、真理は自己否定から生じる」

しかしながら、真理と確信する事柄でさえ自らの意志や霊によっては(ましてや外的強制力や暴力は言うまでもなく)あえて広めようとも考えず、神の霊において、そして、神の霊を通して、神がその生命と力によって導かれるに応じて説きすすめようとする人々のあり方から分かることは、彼らは宗派でも、人間の発案物の追従者でもないということである。彼らはキリストの信奉者であり、キリストがその霊と力によって彼らに働きかけ、促されるのを待ち望んで、彼に従おうとする人々である。従って、決して宗派主義者(Sectarians)ではなく、単なるキリスト者(Christians)であると言えるだろう。

「I：すべての人々の内には、救済へともたらす何らかの神聖なもの、つまり、神の生命と光とが存在する」

これらのキリスト者によって主張される主要な第一の教えとは、(以前述べたように、彼らの内的な感覚から生じ、彼らを一つにするものであるが)、すべての人々の内には、何かしらの神的なもの、つまり、ある光、ある恵み、ある力、適量の聖霊の働き、ある神聖で霊的で得も言われぬ本質的な生命と徳とが存在するということである。その神性は、人々の心のなかであらゆる不義なるもの、不敬なものに対する反証をなし、人々の心(mind)を正義へと導き、促し、動かし、そちら

126

へと向かわせ、もし彼らがその働きに従うときには、その神性が持つ性質へと徐々に変化させられる。そのようにしてすべての人々の心には、どのような国民であろうと、どのような国や血筋に属していようとも、また、神の摂理によって必然的に外的な知識とその益を得る機会が与えられていなくとも、内的で完全で真なる贖罪が生じるのである。なぜならば、たとえそうした外的な知識や利益がなくとも、すべての人々には適量の光と種子と御言が伝えられており、この適量の光にはそれぞれの道の悪徳から人々を回心させ、彼らを純粋にし、彼らを清める力が存在し、その結果、彼らは救済へともたらされるからである。こうした主張を展開する際、彼ら［クエーカー］は、（ソッツィーニ派の人々とは異なり）、自己や自分の本性を決して称揚することはない。人間の本性は汚れて堕落しており、人を救うことも、救済へと一歩進めることもできないという事実を受け入れ、救済のためには自己性を完全に否定し、抑制することが何よりも必要であると考えるからである。また、彼らは、これらの光や種子や恵みが人間の性質の一部であるとか、人間に固有で本質的なものとは考えず、すべての人々を堕落から解放し、永遠の生命へともたらすために、神から与えられた神の無償の恵み、贈与であると信じる。当然ながら、また、彼らは、救いにもたらす十分な力を持つこの種子、恵み、御言は、キリストの存在なしに我々に与えられたものとは考えない。彼らの信仰によれば、それらはすべての人々のために死に甘んじられたキリストの死の贖いと益によるものだからである。したがって、彼らはすべての事柄が仲介者たるキリストにおいて、彼によってもたらされたものであると告白し、すべてを彼の働きに帰すのである。さらにこの光、この恵み、この種子は、キリスト・イエスに内在した適量の生命と聖霊の働きと全く同じものであり、首たるキリストにおいては完全なものであったこと、そして、この生命と聖霊の働きはキリスト御自身から生じるもの（そして、彼に内在するもの）であると信じる。というのも、キリストは天に挙げられ、天において栄誉に授かったが、すべての人々を罪から救い出し、神へと回心させるためにすべての人々に［聖霊を通して］働きをおよぼされるからである。

このようにこの教えに従えば、自己性や人間の性質に何かを帰すことなく、また、キリストの働きを抜きにして何かを主張することもなく、すべての人々に対する神の普遍的な愛を提示することができる。この教えによって、キリストによる救済の手段や神との和解は、誰も排除されることなしに主張されうる。それらの手段や和解は、それぞれの人が救いの可能性に至るまでおよぶのである。したがって、この教えを信じ、それを説く人々は、不確定さや疑念においてではなく、確信に

満ち、受け入れた教えに基づいて普遍的愛を真に確立する者として、普遍的愛の偉大なる促進者、主張者とみなされるのである。

「この世の最も野蛮で最も文化の遅れた地域に住む異教徒にも、救済は可能である」

　なぜならば、彼らは、様々なキリスト者のみならず、教育の不備や遠距離に居住することからキリストの御名を知らずにいる人々に対しても、単に想像の上で可能というのではなく、実際に最終的な救済が可能であるとして、自らの慈愛を向けるからである。もしすべて人々に内在し、彼らへの神の無償の贈物であるこの種子、恵み、御言、そして、光がその心を占め、不義の果実やその本性を追い出し、正義、純粋性、そして、聖性をもたらすときには、この教えによれば、たとえやむをえない理由から外的知識に欠けようとも、救済はまさに可能なのである。というのは、この教えを主張する人々は、聖書を読むことで享受されるキリストについての外的知識やその他の利益は非常に有益で、救済を促進するに役立つと信じはするが、しかし、これらの事柄は必ずしも必要なものではなく、キリスト教にとっては重要だとしても、決してその本質的な部分ではないと主張するからである。彼らは、キリスト教の本質と本性を、この光、種子、そして、恵みの働きによる真なる完全な回心にのみ依拠させるのである[6]。

　人間の本質と本性は、魂と身体の統合にあるのだから（それこそが人間を人間と呼ぶに十分なものである）、足や腕、目や耳を失っていようとも、もしくはその他の身体的欠陥を持っていようとも、また、たとえば、人並みの記憶力といった何らかの心の機能が欠けていたとしても、健康で健全な者とは見なされないかもしれないが、依然として人間とまさしく呼ばれうる。ましてやこの世の最も野蛮で、最も文化が進展していない地域に住む人々も、我々の間で享受されているあらゆる教養［リベラル・アーツ］や科学［学問］に欠けており、全くそんなことは知らないとしても、そ

---

[6]私がこうした教えを展開しながらも、証明を行わないことを変に思わないでもらいたい。証明については、すでに私の著書『弁証』のなかで詳細に展開したことであるから、この小論で取り扱う必要はないと考えるからである。ここでは、上述の教えやその主張者たちがいかに普遍的愛に一致しないかを示すだけで十分であろう。他方で、それ以外の立場についても、私は論駁を展開するつもりはない。というのは、ここではそうした考えも所詮は普遍的愛に相反する点を示唆するだけで間にあうからである。

してまた、社会の進歩や人類の共存に有益なあらゆる事柄に無知であるとしても、人間として人間に必要で本質的なものは有するのだから、確かに依然として人間と見なされるだろう。それと同様にこの教えも、一般的に異教徒と呼ばれる人々、そして、闇と過誤に満ちたキリスト教の宗派に属する多くの人々、双方にとっても救済は可能であると考える。彼らは、自然的人間ということで我々が享受しているもので、未開の人々が欠いているものとちょうど同じように、霊の人の点では他にも大切で適切な事柄に欠けていたとしても、彼らはキリスト教の本質的な事柄には与っているからである。このキリスト教の本質的部分は、たとえ他の重要な事柄が抜け落ちていたとしても、霊的な人間という点ではそれらを十分に補うことのできるものである。こうした考えが普遍的な愛に最も一致することは誰も否定しようがないだろうし、〔また、すべての人の行為、この教えを否定する人の行為からも明らかなように〕、これは神の愛のみならず、正しい理性の働きにも全く一致するものである。というのは、これらの宗派の人々も、これまで異教徒との交渉に当たる際には、また、聖書や伝統からの例証が通用しない人々〔それらは彼らには承認されない原理なのだから〕と関わる際には、常に魂の内なる光に訴え、その光に従って自分たちの教理を明らかにしようとするからである。彼らは光の本性や能力に関してはそれぞれ見解を異にするが、しかし、この光は神の人類に対する愛であり、この点において神の普遍的愛はすべての人々におよぶとの結論に至るだろう。その結果、彼らは、布教の対象たるすべての人々の内に、自らの教理を主張し、推奨するための根拠となる何らかの事柄を見出すこともあるかもしれない。この一例としてイエズス会士のフランシスコ・ザビエル（Franciscus Xaverius, 1506-52 年）の言葉を取り上げよう。ザビエルはその高い評判から同僚たちから「インドの使徒」と呼ばれていたが、彼の言葉は、ベルンハルドゥス・ヴァレニウスの *Descriptio Regni Japoniae* の百九十五頁、第八章に記録されている〔訳注：ラテン語版に記載。ドイツ語版からの邦語訳である宮内芳明訳『日本伝聞記』には記載はない〕。ヴァレニウスは彼の書簡内容を次のように書き留めている。

「日本人の回心についてのフランシスコ・ザビエルの書簡」〔訳注：河野純徳訳『聖フランシスコ・ザビエル全書簡集』（平凡社）には該当する記述の箇所があるが、バークレーの英語と一致していないため、下記の二つのザビエルの言葉はバークレーからの私訳である〕。

　「山口の人々は、洗礼を施される以前、忌まわしく苦痛に満ちた疑念によって苦しんでいた。つまり、神は慈悲深く恵み深い存在ではなく、我々が永劫の罰を宣教する前から、すべての日本人を、

特に〔我々がのべ伝えるような仕方で〕神を拝んだことのない人々を断罪してきたというのである。彼、すなわち、神は、すべての祖先たちの救済を完全に怠り、これらの悲惨な魂が救いの知識に欠けた状態にされるのを良しとされ、その結果、彼らの祖先たちはみな滅びに至ったと、口々に語っていたほどである。こうした全く忌まわしい考えのせいで、彼らは神の礼拝から離れていたが、しかし、神の働きを通してこの過ちと疑念は取り除かれることとなった。我々が彼らにまず示したのは、神の法（the Divine Law）はどんなものよりも古く、それどころか古代の人々によって最初の法律が作られる以前の段階からも存在するということだったからである」。

「本性を通して殺すことなかれと学ぶ」

「日本人は、自然の本性の導きから、殺すこと、盗むこと、誓うこと、そして、十誡に含まれるその他の事柄が不法であると認識していた。彼らがそう考えていたことは、誰かがこうした罪を犯したとき、良心の痛みでもがいていたことからも明らかであろう。こうしたことから我々は日本人に、理性の働きそれ自体が悪から離れ、善に従って生きるように教えること、そのためにこそ理性が生まれつきすべての人々の内に備えられていること、したがって、すべての人は、教育を受ける前から生まれつき、神の法や自然の創造者である神についての知識を持つということを教え示したのである。こうした生まれつきの知識によって、国の法律など全く知らずに野山で育ち、教育など全く受けていない人にもそうした試練が起きる可能性があるということについて、疑念が生じるかもしれない。もし教育を受けず、そうした知識にも通じていない人々が、殺人、窃盗、その他の神に禁じられた事柄が罪悪であるかどうかと尋ねられるとして、もしくはそれらの事柄の禁止が正しいことかどうかと尋ねられるとして、彼らは神の法が内在することを容易に示すような答え方をすることだろう。だとすれば、自然の創造者であられる神自身から以外に、一体どこから彼らはそうした考えを導き出してきたと判断すべきだろうか。神の法から導きだされるこうした知識が野蛮な人々にも顕在化しているとすれば、教養を持ち、教育を受けた人にとってはどれほど明らかなことか。そうならば、あらゆる法律が人間によって創出される以前から、神の法は人間の心の内に植え付けられていたということになるはずである。こうした論議は日本人たちにとって非常に分かりやすいものであったため、彼らの心は満たされ、その結果、躓きから解放され、直ぐにキリストに付き従うようになったのだった」。ザビエルはこのように書き記している。

祖先たちのすべてが［神によって］断罪されたわけではないこと、そして、神の普遍的愛は彼ら

にもおよび、彼らは救いの可能性の内にあることを示されて、日本人は満足した。しかし、この狡猾なイエズス会信徒は、このような言い回し〔ローマ教会の教理に決して一致するものではなかった〕以外の別の言い方を見つけ出すことができなかったようである。結局のところ、これらの日本人の祖先はローマ教会の教会員ともみなされなかったし、ローマ教会の教理（教会の外には、つまり、ローマ教会の外には救いなしとの主張）によれば、断罪が必要ない者ともみなされなかったからである。

「II: この光の働きを通して回心に至り、教会の外に救いなしと言われる教会に属することが可能となる」

　第二に、こうした教え［キリスト教の本質的な事柄に与っているという教え］から当然のこととして導きだされる（したがって、その主張者の信じるところの）教会に関する概念や定義もまた、普遍的愛の教理に一致し、それを十分に確立するものである。なぜならば、キリストによってすべての人々の心へもたらされたこの種子と光の働きを通して、人は真に回心し、その結果、キリストに結びつけられるとすれば、そこから当然のこととして、教会の教会員にもなることができるからである。もしそうでなければ、古代の人々については、族長の氏族やユダヤ人以外の誰も救われたとは考えられず、ましてやこの背教の時代においては誰一人として救いに至らないことになるだろう。しかし、こうしたことはそれ自体過ちに満ちたものであるから、誰も［こうしたことは］主張できないだろう。したがって、そうした人々にも救いの可能性が存在するのだから、（広い意味で）教会の外に救いなしと言われるのであり、キリストの身体全体を包括するものとしての教会に属する者と見なされねばならない。キリストの身体につながっていない者こそが、救いから排除されているのである。それゆえ、公同の教会、普遍的教会というものは、どのような宗派、どのような形式、どのような外的な告白にも限定されるものではなく、儀礼による入会手続きを経ない者をそこから排除するようなものではない。もちろん、教会に属さないことが、個々の事柄を実践するように導かれる神の明白な御心に対して拒絶を示したり、それに反抗するという意図を持つものである場合は別である。というのは、神はこれまで幾度も、個々の教会、個々の人々に対して他の人々には求めない様々な事柄を求めるのを良しとされてきたからである。たとえば、ユダヤ人の回心者について言えば、絞め殺された動物や血を控えること、異邦人教会については、（ユダヤ人キリスト者にはしばらく許されていた）割礼を行わないことが求められたようにである。これまでそ

れぞれの人にはそれぞれ多くの事柄が求められてきたが、それはすべてのキリスト者にとっての一般的な義務では決してなかったとしても、しかし、それが明らかにされ、求められた人々にとっては、十分に義務的であったのである。そうした義務に服従しないことは、すなわち、彼らの義務一般（我々は、神が求められるすべての事柄においてそうした義務を神に負うのである）に背くことであった。しかしながら、こうした事柄が明らかにされず、要求されていない人々にとっては、そうした事柄を経ずとも救いに至ることは可能であっただろう。

「III: 神は、自らの霊の働きによってすべての真のキリスト者の心の内にその御心を直接啓示される」

　第三に、神の愛を称揚し、人類に対する神の愛の遠大さを示すこの教えは普遍的愛に一致するが、それと同様に、彼ら［クエーカー］は、その他の主な教えにおいても普遍的愛を大いに示す。というのは、この普遍的な光の教理によって、彼らはすべての人々に対する神の愛の広がりを示すのみならず、神は自らの霊の働きによって神の光に与ったすべての人々の心に直接に御心を明らかにされ、明らかにされようとしておられること、そして、その結果、これらの人々は光によって教えられ、促され、導かれ、彼ら自身の内において何らの媒介もなしに神の考えを知ることになると論じることで、神に従い、神に服従するすべての人々への神の愛の意図を提示するからである。そのようにして彼らは、神の霊による導きを自分たちだけに限定してしまうのでも、ある特定の異例の契機に帰すのでもなく、すべてのキリスト者、すべての教会の教会員の一般的で普遍的な特権として［霊による導きを］提示するのである。この教えが、神がこの恵みの特権をすべての人に対していかに普遍的な形で提供されるかを示し、また、神が神の光をすべての人々に与えられ、この光に与ることにはその必然の結果として聖霊の内的な導きが伴うことを示す点を考慮するならば、それが大いに神の愛を称揚し、普遍的愛の教理を確立するものであることが分かるだろう。なぜならば、神の子たちの心における霊の働きによる御心の直接的啓示がすべての真のキリスト者と教会の教会員にとっての一般的で普遍的な特権ではないとして、その直接の啓示を否定するとすれば、御心についての重要な知識は外的な書物や掟等のような他の何らかの外的な手段によって伝えられると想定しなければならないことになってしまうからである。その限りにおいて、そうした外的益を享受する機会のない人々は、魂の救済のための神の普遍的愛に与ることから排除されることになるだろう。

「Ⅳ:聖職は、外的な任職や学識に限定されるものではない」

　第四に、神の贈与と恵みをある特定の外的形式や儀式に限定することは、普遍的愛に完全に相反し、矛盾することである。たとえば、聖職の仕事を外的な任職儀式を受けた者やある特定の一族に限定すること、つまり、神の恵みよりも人為的事柄や業を聖職の仕事に必要なものとし、その結果、神の恵みだけでは聖職者となるには不十分であると、また、その他の人為的儀式的事物なしに宣教の資格を与えるには不十分であると判断することなどである。しかしながら、他方で、すべての人々に対する、特に可視的教会の教会員に対する神の普遍的愛を褒め称える人々は、以下のように主張する。神の光と恵みはすべての人々を救うために与えられたものであるから、したがって、それぞれの心において光によって真に召命され、宣教の職に相応しくされた者はみな、神が魂のためになされた善なる事柄について説教したり、告白することは、そしてまた、神の恵みによって授けられた能力に従って人々を彼らと同様の経験と道へと向かうように教え導くことは、たとえ彼らが他の人から外的な任職や召命を受けておらず、それらの儀式や儀礼によって受け入れられてもおらず、さらには学問や教育を受けていなかったとしても、まさしく適切なことであると。こうした考えは、大いに普遍的な愛を称揚し、それを示すものであろう。なぜならば、他の様々な宗派とは違って、聖職の働きを狭い枠のなかに閉じこめたりせず、聖書や外的な知識を持たない人々のなかにも、ノアのように、義なる説教者や聖職者が存在すると想定するからである。

「ノア、ヨブ、ソクラテス、ピタゴラス、そして、多くのアラビア人、インド人、エチオピア人たちは、義を愛する人々である」

　ノアは聖書が書かれる以前の人であり、ヨブもまたそうであった。さらにはギリシアのソクラテス、古代ローマのピタゴラス、そしてまた、アラビア、インド、エチオピアの名だたる数多くの人々も同様である。この教えは、キリスト教世界のほとんどすべての宗派の人々が傲慢にも宣教の機会を奪うのとは異なり、たとえ貧しい手工業者であろうとも、職人であろうとも、それぞれに与えられた天賦に従事することから誰をも排除しない点で、可視的教会における神の普遍的愛を真に示すのである。

「Ⅴ:洗礼や滴礼、パンやぶどう酒は、人と神との間の契約の印ではない」

　第五に、これらの人々は、水による洗礼や滴礼、パンやぶどう酒といった外的で肉的な事柄は、普遍的愛を滅ぼすものであるとして、神と人との間の契約の印でもなく、恵みでも霊的再生が魂に

もたらされる手段や道でもないと判断する点で、すべての人々に対する神の普遍的な愛を大いに称揚し示す。なぜならば、そうした主張を展開することによって、贈与と恵みを授けられる神の愛を、最も敬虔で誠実な人々だけでなく、この世のなかで最も邪悪で最も偽善的な人々さえも（その事柄に関して）正しく実行できる初歩的な事柄に限定することがないからである。こうした初歩的な事柄を、キリスト教の宗派に属する大部分の人々は実行し、そして、サクラメントや儀式に関してガミガミと述べ立て、それらの実践の本質やあり方について論争したり、口論している。しかし、他方で、これらの人々［クエーカー］は、キリストの光における、そして、キリストの光による恵みの益と再生の働きは、たとえこうした外的な儀式がなくとも、種子が心の内で発芽し、成長するとき、信仰深いすべての人々の魂に伝えられることになると主張し、そのように信じる。こうしたことは、誠実で敬虔な人々以外にはできないものである。というのは、彼らだけが真に信仰深く待ち望み、恵みと再生、強さと力、智恵と勇気、その他のすべての恵みに与ることができるからである。

「Ⅵ: 良心を理由にした迫害は、不法行為である」

第六に、良心の問題を理由にして迫害することは、非キリスト教的で不法であると申し立てる点で、彼らは普遍的愛の確立に大いに貢献する。彼らの信仰によれば、神は良心のみを導かれ、良心のみを照らされることから、これまで十分に明らかにされたように、良心に強制を加え、良心を抑圧しようとすることは、神の普遍的愛に相反することである。

「Ⅶ: 戦争や争いは、キリスト者にとっては不法行為である」

最後に、彼らは、敵に対しても愛を説き、危害を耐え忍び、報復などせずに許容する必要性を説きすすめる点で、普遍的愛を真に、明らかに確立する。彼らは、キリスト者が争うこと、肉的な武器を使用すること、そしてまた、敵対し、不当にも傷つけた人々に立ち向かうことさえも、不適切であると主張する。こうした考えは完全にキリストの教えと実践に一致するのみならず、神の普遍的愛にも一致するものである。多くの挑発を受けたにもかかわらず、神は邪悪で頑固で反抗的な人々にさえ長きにわたって忍耐されてこられたのだが、そのことが何よりも神の愛を示している。そうした神の愛においては、機会さえあれば、あらゆる危害に対して報復すること、拳には拳、攻撃には攻撃を返すことを合法的であると（そうした危害を受け入れ、堪え忍ぶことがどういうことかも分からずに）信じる人々は、神の信奉者であるとの自負を持つことはできない。だからこそ、当然のこととして敵への愛を前提とし、それを内包する普遍的愛を持つことなど不可能であろう。

134

敵を打ち叩き、敵を殺し、あらゆる手段を用いて敵を滅ぼそうとする者が、敵への愛を主張すると
すれば、それは全く愚かな矛盾である。全く異なる見解を持つ敵に対して愛を説かず、愛を実践し
ない人々は、普遍的愛の教理も、また、普遍的愛を実践しているとも主張することはできない。そ
れゆえ、読者には、ここまでの議論を様々な宗派に実際に適用し、どの教理と実践がこれに最も一
致するかを突き詰めて考えてみてもらいたいと思う。そして、真の普遍的愛をまさしく確立し、普
遍的愛に相応しいこれほど多くの教えを口々に論じる、この小論で言及された人々以外のどういう
人々のなかに、キリスト者の完全な交わりが存在するかについて真剣に考慮してもらいたいと思う
のである。

1677 年の第 5 の月、アバディーンの牢獄にて

訳者あとがき

　本書は、17世紀のクエーカーの神学者ロバート・バークレー（Robert Barclay, 1648-90年）によって書かれた『ランターズと自由主義思想家の無政府状態』（1674年）と『正しい基盤に基づいて考えられ、打ち立てられた普遍的愛』（1677年）の日本語訳である。底本は、凡例でも書いたように、二つともバークレーの全集 *Truth Triumphant* に掲載されているものである。前者は、草創期クエーカー運動においては、聖霊の導きを理由に道徳的に自由勝手にふるまうランターズ（Ranters）やそれとあまり変わりのない行動をとっていた少なからぬクエーカーに対する警告の書（教会の統制に従って正しく生きるようにとの警告）であり、教会とは何か（クエーカーの教会論：具体的な組織の形態に関しては、本書では触れられていないが、詳しくは、山本通『近代英国実業家たちの世界—資本主義とクエイカー派—』同文舘の第三章をご参照ください）を示した書である。また、それは「異端」とレッテル張りをされていた当時の社会状況において信仰共同体の聖潔さ、純粋さを向上させて、外部に示すという意味合いを持つ書でもあった。後者の『普遍的愛』は、キリスト教で推奨される普遍的愛とは何であるかを説いた書である。ご存じの方もいると思うが、クエーカーにとって、真理の第一の基盤は、聖霊の働き（内なる光［Inward Light］の働き）である。この聖霊（内なる光）の働きかけは主観的なものであるため、それが神からのものであるのか、悪からのもの、もしくは幻想であるかを見分けることが重要なことになってくる。拙訳『真のキリスト教神学のための弁証』のあとがきで述べたように、内なる光の働きを受けた者は、聖書や教父といった古くからの書物、クエーカーの共同体における複数の共同の証など、証の複数性において個人の証が検証されることになる。クエーカーの考えによれば、神は分裂をもたらす方ではなく、一致をもたらす方であるから、聖霊の導きを受けたものは、クエーカーの共同体と一致した生き方ができるはずとされる。そのため、もし共同体で受け入れられてきた証（もしくはその統制と権威）にそぐわない行動をする者（本書にも記載はあるが、クエーカー的行動の具体的内容については、『弁証』の第15提題も参照）は、まず話し合いの対象となり、譴責の対象となり、あまりに酷い場合は、破門の対象となる（なお、18世紀に英国のクエーカーの数は大幅に減少する。その要因については依然として議論が続いているが、大まかに言って、一つの原因は新大陸への移住、もう一つは他宗派の人との結婚による破門である。現在はそういうクエーカー同士の結婚しか認めない［endogamy］という規定はない）。現代のクエーカーの自由さを知っている者からすれば、あまりに厳しすぎる規定のように思えるが、17世紀当時においては他の宗派（たとえば、メノナイ

ト）でも同じような教会規定があり、破門も愛をもってなされ、悔い改めれば、帰ってくることも認める点で、当時としてはむしろ寛容な方だと言えるものである。現在では、クエーカーは、個人の魂の救いを求めるスピリチュアル・ジャーニーを行なう者との認識が広がっているが、初期クエーカーにとっては、神の導きはむしろcommunal truth（共同の真理）であり、共同体全体に与えられるものと考えられていた。それゆえ、彼らは時間と場所を決めて、集会所に集まって神からの働きかけを一緒に待ち望んだのである。初期クエーカーの指導者の一人に、ジョン・ペロット（John Perrot, ?-1665年）がいるが、彼は内なる光の導きがすべてを決めると信じ、礼拝も、神の導きに従って、自由な時間に自由な場所で行われるべきと唱えた。しかし、上述の理由、および信徒の便宜的理由（信徒の日常の世話を含む）のために、クエーカーは時間と場所を決めて沈黙の礼拝を続けることを決めたという経緯がある。そのほかにも、内なる光の導きという主張のもとに自由奔放な在り方を求める指導者（John Wilkinsonや John Storyなど）がいたことから、本書『ランターズと自由主義思想家の無政府状態』で書かれているように、教会の統制と権威が必要であるとの立場をとるようになった。気を付けてほしいことは、他の教会のように、教会の統制と権威は特定の人物（聖職者）に結び付けられているものではなく、聖霊の導きに結び付けられるものという点である。賜物に従って、長老、教え導く者、宣教者、監督（Overseer）などに役職は分かれるが、教会の権威性はこうした特定の役職にも結び付けられるものではないと、バークレーは主張する。しかし、その役職に就く人物による判断には従うべきと語るのである。このような点について注意しながら、本文を読んでいただきたい。

　『正しい基盤に基づいて考えられ、打ち立てられた普遍的愛』は、一般的には*Universal Love*（『普遍的愛』）として知られている書物である。クエーカーは、創設以来、普遍贖罪論（キリストの贖罪は益はすべての人におよぶという立場）、万人救済論の立場をとっており、教皇主義（ローマ・カトリック）と特にカルヴァン派との比較において、バークレーは、キリスト教の愛の普遍性について語っている。書物として非常に短いもののため、補足しておくと、クエーカーの考えによれば、キリストの贖罪によって人間には「内なる光（Inward Light）」と「主の訪れの日（Day of the Lord）」という機会が与えられている。この主の訪れの日において人間に対して内なる光（聖霊）の働きかけがある。もしその働きかけに反抗しないならば、その人は救済に至ると主張される。『弁証』にも書いているが、「反抗しない」というのは人間の能力によるものではなく、人間の心の機能である理性、自由意志、良心といったものをすべて否定する（無へと至らしめる）ときに、生じる神の恵みの働きによるものであ

る。その点で、クエーカーはすべてを神の働きに帰し、神の小さな声を聞くために、自己の頭のなかの声を無にし、沈黙のうちに神からの働きかけを待つのである。そして、義とされた者は、実際に完全に聖なる者とならねばならない（クエーカーにおいては、義認と聖化は区別されない。「聖化」は、クエーカー信仰においては「内なる光」に並ぶ重要な概念である）。この聖化は、イエス・キリストの掟である「隣人を愛せよ」、「敵を愛せよ」を実践することに結び付けられている。この完全な聖化の実践が、（異質な）他者の受け入れと彼らへの奉仕という点でクエーカーの教会（集会）形成の中核原理となっており、また、クエーカーの様々な社会実践や創設以来の平和主義につながっているのである。

　第二部の『正しい基盤に基づいて考えられ、打ち立てられた普遍的愛』はそれほど難しくはないが、第一部の『ランターズと自由主義思想家の無政府状態』は単独で読むと抽象的で難解であり、当時のキリスト教やフレンド派の歴史に詳しくないと何が論点なのか分かりづらいものとなっている。三恵社から出版されているロバート・バークレーの主著である『真のキリスト教神学のための弁証』を見てから読む方が分かりやすいと思うので、分厚く神学的に難解な本であるが、時間のある方は、『弁証』を先に読むことをおすすめする。

　原文自体が複雑な文章、議論であることもあり、誤訳や分かりにくい表現になっている箇所がたくさんあることと思う。もちろんその責はすべて私にあるので、皆さんからの厳しいご批判、ご指摘を仰ぎたい。最後に、文章を細かくチェックしてくれた我妻と、出版まで丁寧にサポートしていただいた三恵社の林氏には心から感謝を述べたい。

訳者：中野泰治（なかの・やすはる）

1973年生まれ。同志社大学大学院神学研究科博士前期課程修了。英国バーミンガム大学にてPhDを取得。専門は、英米のキリスト教の歴史、およびクエーカーの歴史・思想の研究。主な業績は、［訳書］Pink Dandelion著『クエーカー入門』、新教出版社（2018年）、［訳書］Robert Barclay著『真のキリスト教神学のための弁証』、三恵社（2024年）、論文「クエーカー研究における新ヘーゲル主義的前提について―self概念を巡るBarclay神学の評価―」、『ピューリタニズム研究』、第6号、2012年など。

ランターズと自由思想主義者の無政府状態

2024年4月15日　　初版発行

ロバート・バークレー 著

中野　泰治 訳

発行所　　株式会社　三恵社
〒462-0056 愛知県名古屋市北区中丸町2-24-1
TEL 052 (915) 5211
FAX 052 (915) 5019
URL http://www.sankeisha.com